Gibt es bald keine Eisbären mehr?

So verstehst du den Klimawandel

von
Malte Arkona und Ute Löwenberg
Mit Illustrationen von Frank Wowra

KeRLE
Freiburg · Wien · Basel

Inhalt

Was soll denn die ganze Aufregung? 8
Warum die Eisbären Eis brauchen, die Erde immer wärmer wird, und was ein Klimadetektiv alles entdecken kann

Mein Tagebuch als Klimadetektivin 10

1. Wetter und Klima – wo liegt eigentlich der Unterschied? ... 13
Warum gutes Wetter fürs Klima schlecht sein kann, was die Atmosphäre eigentlich so macht, und warum Treibhaus nicht gleich Treibhaus ist

Malte fragt nach ... bei dem TV-Wetterfrosch Sven Plöger 18

2. Was verändert sich eigentlich beim Klimawandel? Und wann? 22
Warum die Dinos keine kalten Füße kriegten, was ein Klimadetektiv im Eis verloren hat, und wie der Mensch zum Klimawandler wird

Malte fragt nach ... beim Klimaforscher Marcus Schumacher ... 30

3. Haben Eisbären und Pinguine bald kein ewiges Eis mehr? ... 33
Warum Eis nicht gleich Eis ist, wofür Gletscher wichtig sind, und was passiert, wenn Dauerfrostböden ins Schwitzen kommen

Meine Tagebuch-Reportage: Laufen für Shishmaref............ 38

Malte fragt nach ... beim Tierfilmer Andreas Kieling 40

4. Warum steigt der Meeresspiegel, und warum gibt es mancherorts zu wenig und anderswo zu viel Regen? 43
Warum das Wasser sich immer breiter macht, wenn der Meeresspiegel steigt, und was bei einem Hurrikan passiert

Malte fragt nach ... bei seinem Bruder Jonas.................. 48

5. Was hat unser Energiehunger mit der Erderwärmung zu tun? 54

Wo überall ein Stecker dran ist, woher der viele Kohlenstoff kommt und woher der große Energiehunger der Menschen

Meine Stecker-dran-Liste des Tages. 55

Malte fragt nach ... bei Martin Burberg, der acht Wochen lang in der Steinzeit lebte 58

6. Was machen die Politiker? 65

Warum wir alle zusammenhalten müssen und was der Weltklimarat rät, was im Kyoto-Protokoll steht und wie es weitergeht

Malte fragt nach ... beim Klimaforscher Mojib Latif 68

7. Wie sammelt man Sonne, und wie fängt man den Wind ein? 75

Was mit erneuerbaren Energien gemeint ist und wie man sie gewinnt, warum die wirkungsvollsten Windräder im Wasser stehen und wie man Strom auf dem Acker anbaut

Malte fragt nach ... bei der Energieexpertin Christine Wörlen. . . . 78

8. Wie können wir jeden Tag das Klima retten? 84

Warum wir etwas tun können und wie das funktioniert, wie du am besten zur Schule kommst, und worauf du beim Essen achten kannst

Malte fragt nach ... bei den „Jugend forscht"-Forschern Lucas Jacob und Dennis Prinz 88

Was soll denn die ganze Aufregung?

Warum die Eisbären Eis brauchen, die Erde immer wärmer wird, und was ein Klimadetektiv alles entdecken kann

Warum reden alle vom Klimawandel?

Der letzte Winter war doch eigentlich ganz in Ordnung. Ein bisschen viel geregnet statt geschneit hat es vielleicht, aber ansonsten ging's doch. Also: Alles prima mit dem Klima, oder etwa nicht? Warum reden dann ständig alle Erwachsenen vom Klimawandel? Sie sprechen von Klimaschutz und sogar von Klimakatastrophen. Eine Katastrophe ist doch, wenn ein Erdbeben passiert oder bei einer Überschwemmung Menschen sterben, nicht aber, wenn mal das Wetter ein bisschen schlechter ausfällt und wir keinen Schnee zu Weihnachten haben, oder? Und schon gar nicht, wenn es wärmer wird. Das wollen doch immer alle: einen schönen warmen Sommer. Stimmt und stimmt nicht.

Gibt es ohne Eis überhaupt Eisbären?

Es ist bestimmt keine Katastrophe, dass du im Winter zweimal weniger Schlitten fahren konntest als deine Eltern in ihrer Kindheit.

Deine Freunde und Geschwister konnten es ja auch nicht. Und tatsächlich zeigt sich die Klimaveränderung, von der alle sprechen, bei uns erst mal nicht so stark wie in anderen Teilen der Welt, zum Beispiel am Nordpol. Da schmilzt nämlich durch die Erderwärmung das Eis den Eisbären buchstäblich unter ihren dicken Pelzen weg. Und Eisbären brauchen die riesigen Eisflächen des Nordpolarkreises, um als Tierart erhalten zu bleiben: Ohne Eis keine Eisbären!

Aber die Erwärmung verändert nicht nur die Gebiete des ewigen Eises, sondern zeigt sich auf der ganzen Welt, also auch in den Lebensräumen der Menschen. Sie bewirkt Dürre, heftige Wirbelstürme, den Anstieg des Meeresspiegels. Und all dies bedroht nicht nur einige wenige Tierarten, sondern neben der Tier- und Pflanzenwelt auch die Menschen. Wo Dürre herrscht, wird das Essen knapp, die Kraft von Hurrikanen zerstört ganze Städte und Landstriche, und durch das Ansteigen des Meeres können ganze Inselwelten und sogar große Küstenstädte wie Shanghai untergehen.

Was haben wir Menschen mit all dem zu tun?
Solche Auswirkungen treffen uns Menschen direkt. Aber das Verrückte ist: Wir Menschen sind es selbst, die das Klima so stark verändern, dass uns und allen anderen Lebewesen Gefahr droht. Denn unsere moderne Lebensweise mit Autos, Fabriken, Flugzeugen und elektrischem Strom zum Betreiben unzähliger Geräte führt zur Erwärmung der Welt.

Das ist gleichzeitig eine schlechte und eine gute Nachricht: Schlecht, weil es bedeutet, dass wir mit so ziemlich allem, was wir machen, zur Katastrophe beitragen. Gut, weil es bedeutet, dass wir die Katastrophe aufhalten können, indem wir unsere Lebensweise, unser Verhalten ändern.

Aber dafür muss jeder Einzelne so viel Ahnung vom Thema Klimawandel haben wie möglich, damit er weiß, was er tun kann, um dem Klima so wenig wie möglich zu schaden. Jeder Einzelne heißt: Das bist auch du. Und ich. Und deine Freundin, dein Freund, deine Eltern, deren Freunde und Bekannte. Deine Lehrer, die Politiker und die Leute, die in Unternehmen wie Fabriken die Entscheidungen treffen. Einfach jeder!

Mein Tagebuch als Klimadetektivin

Freitagabend 8.02 Uhr
Habe soeben beschlossen, etwas gegen die Erderwärmung zu tun und Klimadetektivin zu werden. Mama sagt, es ist jetzt definitiv zu spät, um heute noch damit anzufangen. So ein Quatsch. Es ist nie zu spät. Habe heimlich alle Glühbirnen im Kinderzimmer überprüft. Alles Energiesparlampen. Super!

Samstag 6.20 Uhr morgens
Habe eben Mama und Papa geweckt, um nachzufragen, ob sie unsere Wäsche bei 95 Grad waschen. Eine wichtige Frage, weil 95-Grad-Wäschen die heißesten aller Wäschen sind und besonders viel Strom verbrauchen. Die meiste Wäsche wird aber auch bei kleineren Temperaturen sauber. Meine Familie arbeitet leider nicht sehr gut mit beim Klimaschutz. Papa hat gesagt, wenn ich ihn nicht schlafen lasse, wird er gleich mindestens 95 Grad sauer und Mama ist nicht mal richtig aufgewacht. Ich untersuche jetzt die Wohnung und schreibe später auf, was ich gefunden habe.

Samstag nach dem Mittagessen
Bei meiner Wohnungsüberprüfung ist mir Ina (meine kleine Schwester) dazwischengekommen. Sie ist aufgewacht, und wir haben zusammen ein Hörspiel gehört. Und dann mussten wir schon frühstücken, einkaufen und so. Mir ist ganz schön viel aufgefallen, was meine Familie besser machen kann:

  Mama hat irre lange geduscht. Ich hab ganz genau hingehört, sie hat beim Einseifen nicht die Dusche ausgemacht. Sie hat zwar die Augen verdreht, als ich ihr gesagt habe, dass das nicht gut ist, hat aber gesagt, sie will in Zukunft daran denken.

Papa hat beim Einkaufen gesagt, dass er ja Gemüse wirklich sehr gern isst, also bestimmt lieber als Ina, sich aber auf das Fleisch heute Mittag schon sehr gefreut hat. Ich hab ihm gesagt, dass die Pupse von den Rindern, aus denen seine Steaks gemacht werden, ganz schön schädlich sind und das Klima erwärmen. Außerdem verbraucht die Futterherstellung für Tiere insgesamt sehr viel Energie. Papa hat gesagt, dass ich ja auch Leberwurst am liebsten esse und nicht den Biobrotaufstrich von Tante Inga (igitt!). Stimmt schon. Mama hat gesagt, wir könnten ja mal ein bisschen weniger Fleisch und Wurst essen. So müssen wir nicht ganz darauf verzichten.

Habe im Obstladen versucht, Mama zu überreden Heidelbeeren zu kaufen, um Quark zu machen. Mama hat mit dem Zeigefinger aufs Etikett gezeigt und gesagt, dass Klimadetektivinnen schon klar sein müsste, dass es schädlich ist Heidelbeeren zu kaufen, die um die halbe Welt gereist sind. Die Beeren waren echt aus Südamerika und sind bestimmt sogar mit dem Flugzeug zu uns gekommen. Das ist ganz schlecht fürs Klima. Ich bin schon traurig, dass ich jetzt fast ein Jahr auf selbst gemachten Heidelbeerquark (mit Zitrone und braunem Zucker, lecker!) warten muss.

Sonntagmorgen 10.30 Uhr
Mein größter Erfolg gestern: Wir sind nachmittags mit der Straßenbahn zum Weihnachtsmarkt in die Stadt gefahren, statt mit dem Auto. Mama und Papa haben gesagt, das wäre wirklich ganz bequem gewesen (auf der Hinfahrt). Auf der Rückfahrt war die Bahn so voll, dass wir ganz gequetscht gestanden haben, da hat Papa gemeint, das fände er jetzt nicht so toll. Aber Mama hat gesagt, je mehr Leute in einer Bahn, umso besser fürs Klima. Ich glaube, Mama hat heimlich in meinem Buch gelesen und will auch Klimadetektivin werden.

Sonntagabend
Es gibt noch einiges zu tun. Zu viele Geräte in der Wohnung, die auch dann Strom fressen, wenn wir sie gar nicht benutzen (zum

Beispiel der DVD-Player). Obwohl Mama jetzt auch Klimadetektivin ist, hat sie gesagt, wir können die Welt nicht an einem Wochenende retten. Habe mit ihr zusammen beschlossen, am Donnerstag (dann hat sie erst Zeit, es ist kaum zu glauben), in den Baumarkt zu fahren (mit dem Bus!), um ausschaltbare Steckdosen zu kaufen.

Mit Papa war ich dann doch ganz zufrieden – trotz der Steaks –, und das kam so: Mir ist nämlich eingefallen, dass Oma in ihrem Schlafzimmer immer das Fenster gekippt hat (also im Winter), obwohl die Heizung an ist. Da heizt sie ja praktisch die Straße. Papa hat mich zu ihr hingebracht (zu Fuß! Sonst fährt er immer schnell mit dem Auto rüber), damit ich ihr erklären kann, warum sie lieber bei ausgedrehter Heizung das Fenster ganz aufreißen soll, um frische Luft zu haben. Ich soll aber nicht unfreundlich sein, hat Papa gesagt. War ich gar nicht (Klimadetektive MÜSSEN freundlich sagen, was gut fürs Klima ist, sonst sind die anderen ja gleich sauer und wollen gar nichts Gutes fürs Klima tun) und Oma hat zugehört und genickt. Dann hat sie gesagt, dass sie sich freut, so schlaue Enkel zu haben und ich soll mal schnell ins Schlafzimmer flitzen und das Fenster zumachen.

1. Wetter und Klima – wo liegt eigentlich der Unterschied?

Warum gutes Wetter fürs Klima schlecht sein kann, was die Atmosphäre eigentlich so macht, und warum Treibhaus nicht gleich Treibhaus ist

Wetter gut – Klima schlecht?

Stell dir vor, du hörst im Radio Nachrichten. Da könnte vor dem Wetterbericht eine Meldung wie diese kommen:

„Die Ministerpräsidenten der europäischen Länder haben sich für eine größere Senkung der Treibhausgas-Ausstöße noch in diesem Jahrzehnt ausgesprochen, um eine mögliche Klimakatastrophe zu verhindern. Nun zum Wetter: Ein Hochdruckgebiet über ganz Deutschland verspricht strahlendes Sommerwetter mit angenehmen Temperaturen um die 24 Grad."

Was denn nun? Das Wetter wird gut, das Klima aber schlecht? Was ist überhaupt der Unterschied zwischen Wetter und Klima?

Wetter und Klima, was ist das eigentlich?

Wetterzustände hast du allein an deinem Wohnort schon viele erlebt: Regen, Schnee, Sturm, Gewitter, strahlender Sonnenschein, schwüle Wärme und so weiter. Aber natürlich nicht alles auf einmal.

Wetter findet immer an einem bestimmten Ort zu einer bestimmten Zeit statt. Man kann es täglich fühlen und erleben. Klima hingegen ist der Ablauf des Wettergeschehens über einen langen Zeitraum hinweg gesehen. Dass es in Deutschland zum Beispiel keine Eisbären (außer in den Zoos) gibt, liegt nicht am heutigen Wetter, denn auch in Deutschland könnte es heute so frostig sein, dass sich sogar ein Eisbär wohlfühlen würde. Es liegt vielmehr am hier herrschenden Klima: Und das sieht übers Jahr verteilt auf jeden Fall auch wärmeres Wetter mit Temperaturen über dem Gefrierpunkt vor. Genau das mag der Eisbär aber nicht, weil er an seine Klimazone, nämlich die polare mit dauerhafter Kälte, angepasst ist. Was würden ihm denn hier im Sommer sein Pelz und seine schwarze Haut nutzen, die die Wärme der Sonne besser aufnimmt? Richtig: Wenig! Im Gegenteil, er würde schrecklich schwitzen.

Was sind eigentlich Klimazonen?

Also ist nicht nur das Wetter unterschiedlich auf der Welt, sondern auch das Klima.

Zwei Klimazonen hast du gerade schon kurz kennengelernt: die des ewigen Eises und unsere in Deutschland, die man Gemäßigte

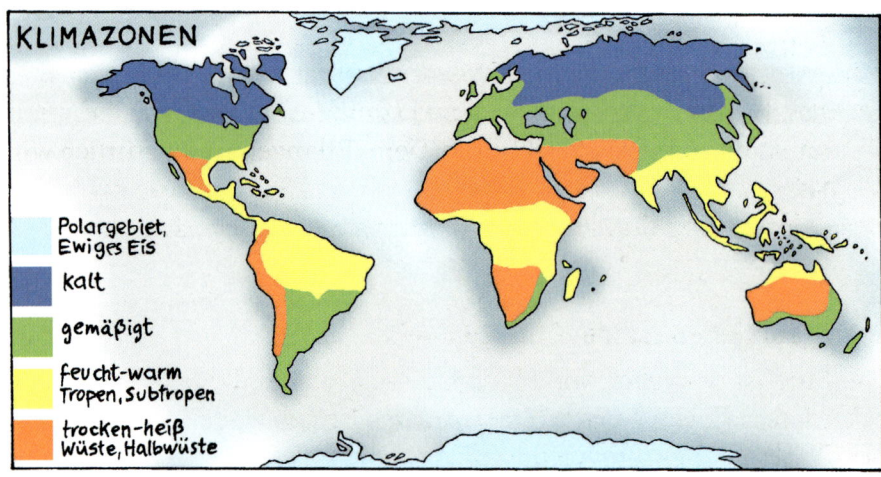

Klimazone nennt. Es gibt aber noch mehr Klimazonen auf der Welt. Sie ziehen sich wie breite Bänder quer über den Globus.

Und was sind Breitengrade?

Die Erde ist quer in Breitengrade und längs in Längengrade eingeteilt. Die Einteilung in Klimazonen erfolgt nach den Breitengraden. Deshalb sagt man zum Beispiel: „In unseren Breiten ist das Klima gemäßigt." Die dickste Stelle der Erde ist der Äquator. Hier verläuft wie ein Gürtel rund um den Erdbauch der Breitengrad Null.

Welche Rolle spielt die Sonneneinstrahlung?

Warum ist es am Äquator heiß und an den Polen kalt? Es liegt nicht daran, dass die Sonne dort ca. 6000 Kilometer näher dran ist als an den Polen, sondern am Einfallswinkel des Sonnenlichts. Der ist unterschiedlich, weil die Erde rund ist. Am Äquator treffen die Sonnenstrahlen steil auf die Erde, an den Polen flach. Und je steiler die Strahlen auftreffen, umso wärmer wird es.

Was heißt Erdklima?

Wenn wir von der weltweiten Klimaveränderung sprechen, wird schon klar, dass es so etwas wie ein gesamtes Erdklima gibt, das wiederum in die einzelnen Klimazonen untergliedert ist. Grundsätzlich ist unser Erdklima etwas Einmaliges und Großartiges: Es ermöglicht nämlich Leben auf dem Planeten Erde. Natürlich ist es nicht auszuschließen, dass irgendwo im Weltall noch ein bewohnbarer Planet rumfliegt. Bisher wissen wir aber von keinem. In unserem Sonnensystem ist nur die Erde belebt. Alle Tiere, Pflanzen und natürlich wir Menschen als Nachfahren der Affen verdanken unser Dasein einer Besonderheit des Erdklimas: ihrer speziellen Atmosphäre.

Welche Funktionen hat die Atmosphäre?

Die Erde ist umgeben von einer kilometerdicken Hülle, die aus verschiedenen Gasen besteht. Die Atmosphäre mit ihren vier Schichten erfüllt gleich mehrere wichtige Aufgaben:

Sie dient uns 1) als Sonnenschutz, beinhaltet 2) den Sauerstoff, den wir zum Atmen brauchen, und wirkt 3) als Wärmespeicher.

Als Schutz vor den gefährlichen Anteilen der Sonneneinstrahlung dient das Ozon in der zweiten Schicht der Atmosphäre (Stratosphäre). Die sauerstoffreiche Luft bildet die unterste Schicht der Atmosphäre, die Troposphäre. Hier findet auch das Wetter statt. Insgesamt sorgt die Atmosphäre für die Wärmeisolierung der Erde. Sie macht, dass es weder zu kalt noch zu warm ist. Man nennt das den natürlichen Treibhauseffekt.

Wieso Treibhaus?

Ein Treibhaus schafft die richtige Lebensumgebung für alle Arten von Lebewesen. Ein Gewächshaus ist genau das Gleiche und bietet die Bedingungen, die Pflanzen zum Wachsen brauchen. Sonne fällt durch die Glaswände und das Glasdach (Plastik geht auch) und erwärmt das Innere. Durch Wände und Decke wird aber nicht nur viel Sonne reingelassen, sondern die Wärme bleibt auch drinnen. In dieser angenehmen Wärme können Pflanzen prächtig gedeihen.

Guter und schlechter Treibhauseffekt – wo liegt der Unterschied?

Im Zuge der globalen, also die ganze Erde betreffenden Klimaveränderung ist oft vom Treibhauseffekt die Rede. Damit ist dann eine zusätzliche Erwärmung gemeint, die schlecht für die Lebensbedingungen auf der Erde ist. Genauer muss man in dem Zusammenhang sagen: Der vom Menschen gemachte Treibhauseffekt ist schädlich, nicht der natürliche Treibhauseffekt, ohne den wir gar nicht leben könnten.

Durch den natürlichen Treibhauseffekt erreicht die Erdtemperatur im Weltdurchschnitt plus 15 Grad Celsius. Ohne die entsprechenden Treibhausgase in der Atmosphäre würden im Mittel weltweit eisige minus 18 Grad herrschen. Das hieße nicht etwa, dass wir immer in dicken Skianzügen durch die Gegend laufen würden, sondern dass es gar kein Leben in der heutigen Form auf der Erde gäbe.

Warum sind wir gefordert?

Was wir heute mit dem Lebensraum Erde machen, bestimmt das Leben der zukünftigen Bewohner der Erde mehr als unser eigenes. Die Forscher sind sich einig, dass es einen vom Menschen verursachten Klimawandel gibt. Wir merken diese Veränderungen noch nicht in allen Teilen der Welt, weil sich das Klima nicht von heute auf morgen spürbar verändert, sondern sehr langsam.

Wenn wir heute durch unbedachtes Handeln die Erderwärmung immer weiter treiben, müssen vor allem unsere Nachfahren – also du als Erwachsener und deine zukünftige Familie, deine Enkelkinder und Urenkelkinder – darunter leiden.

Deshalb ist es unsere Aufgabe, heute mit dem Klimaschutz anzufangen.

**Malte fragt nach ...
bei dem TV-Wetterfrosch
Sven Plöger**

⮕ Was ist der Unterschied zwischen Wetter und Klima?

Wetter ist das, was wir täglich erleben und fühlen, mit all seinen Schwankungen. An einem Tag mal Hitze, dann schüttet es wieder oder schneit sogar. Klima ist das Ergebnis einer Beobachtung, der Mittelwert aller verschiedenen Wetter an einem Ort zusammen genommen, meist über dreißig Jahre. Das Klima ist also Statistik, das kann man nicht fühlen. In Deutschland haben wir in den letzten hundert Jahren beispielsweise einen mittleren Temperaturanstieg von 1,1 Grad. Weltweit war es ein Anstieg von 0,7 Grad. Klingt erstmal wenig, fühlen kann man so geringe Schwankungen auch nicht direkt. Aber im Vergleich zur sehr langen Erdgeschichte steigt die Temperatur eben im Moment viel, viel schneller.

⮕ Hast du Angst vor dem Klimawandel?

Ich bin kein ängstlicher Mensch, nein. Wer Panik hat, macht leichter Fehler. Vielmehr habe ich Spaß daran, die Natur um mich herum zu verstehen. Dann kann ich sehen, wo das Problem liegt. In diesem Fall müssen wir was gegen den jährlichen Ausstoß von dreißig Milliarden Tonnen CO_2 tun. Wir müssen den Energiemix ändern: weg von Öl und Kohle, hin zu Sonne und Wind. Überhaupt ist meiner Meinung nach das Hauptproblem, dass man CO_2 nicht sehen, nicht riechen oder fühlen kann. Die Veränderungen im Klima passieren relativ langsam, sodass der Mensch das alles nicht deutlich genug spürt. Wenn du Grippe hast, merkst du das und kannst etwas dagegen tun. Aber wenn dir jetzt einer sagt, du hast ein Problem, und du kannst das nicht richtig spüren, dann wirst du dich kaum beeilen, das Problem zu beheben. Übrigens spreche ich nicht von der Klimakatastrophe, sondern vom Klimawandel. Lasst uns also alle nicht verzagen, sondern Ideen zum Klimaschutz zusammentragen! Das gehört auch zu meiner positiven Grundeinstellung.

> **Da du ja so ein Optimist bist: gibt es für dich sowas wie „schlechtes Wetter"?**

Ich freue mich wirklich über jede Wetterlage. Einzige Ausnahme wäre eine winterliche Hochdrucklage mit Nebel oder Sprühregen bei 5 Grad plus über drei Wochen. Das wäre einfach zu trostlos. Aber ansonsten ist für mich als Meteorologen jedes Wetter spannend und eine Herausforderung, es vorherzusagen. Haben wir morgen einen Sommertag (25 Grad) oder einen heißen Tag (30 Grad)? Wie stark weht der Wind? Gibt es einen Orkan? Ich habe auch gar kein Problem damit, in Regen und Sturm spazieren zu gehen – man braucht nur die richtige Jacke. Als Wetterfrosch ist es in der Sahara eher langweilig, weil sich am Himmel nichts tut, der ist den ganzen Tag blau. Sich tolle Wolkenformationen anzugucken macht da doch viel mehr Spaß ...

> **Warum ist der Himmel denn blau, das All darüber ist doch schwarz?**

Die Erde hat eine Atmosphäre, die aus vielen kleinen Teilchen besteht. Im All sind sehr wenige Teilchen bis gar keine. Deswegen ist der Himmel dort einfach schwarz, und die Sonne ist weiß. Das Sonnenlicht besteht aus ganz vielen Farben, die man so nicht sehen kann. Aber wenn du auf der Erde in den Himmel schaust, ist der blau, weil der blaue Teil des Sonnenlichts gestreut wird, also überall hin verteilt. Die Sonne selbst wirkt gelb, weil sich an dem Punkt die roten und grünen Teile des Lichts durchsetzen. Und die geben vermischt gelb. Aber niemals direkt in die Sonne schauen, das ist wirklich gefährlich – da kann man sogar blind werden.

⊕ Manchmal kommt die Sonne ja nicht richtig durch, weil sich Wolken davorschieben. Warum fallen die Wolken eigentlich nicht herunter?

Weil sie so leicht sind, dass sie keine Flügel brauchen, um zu fliegen. Überall in der Luft ist Wasserdampf. Den kann man nicht sehen, nicht riechen und hören natürlich auch nicht. Durch Sonnenwärme steigt der Wasserdampf auf. Wenn irgendwann zu viel Wasserdampf in der Atmosphäre ist – die Luft ist gesättigt –, dann kondensiert er, es gibt also kleine Tröpfchen. Die sind sehr klein, und weil sie leicht sind, schweben sie. Allerdings kann man sie sehen, und erst das ist die Wolke. Nebel ist übrigens nichts anderes als eine Wolke auf dem Boden. Was beweist, dass man auf Wolken nicht herum hüpfen kann...

⊕ Warum schweben Wolken nicht ins Weltall?

Warme Luft kann mehr Wasserdampf aufnehmen als kalte. Je höher die Luft steigt, desto mehr kühlt sie ab. Irgendwann ist der Taupunkt erreicht, und die Wolke bildet sich in einer gewissen Höhe, in der sie dann bleibt. Ins Weltall reisen Astronauten, die Wolken haben anderes vor. In manchen Wolken wachsen nämlich die großen Tröpfchen, indem sich immer mehr kleine daran hängen. Irgendwann ist der Tropfen so schwer, dass die Luft keine Lust mehr hat, ihn festzuhalten. Er fällt runter, es macht platsch und fängt an zu regnen.

⊕ Manche sagen ja, durch den Klimawandel wird es immer heftiger regnen, stimmt das?

Na ja, wir wissen ja jetzt, dass wärmere Luft mehr Feuchtigkeit aufnimmt, als kühlere. Wenn mehr Wasser drin ist, kann auch mehr wieder herausfallen. Also ist logisch, dass sich die Klimaerwärmung auf die Niederschlagsereignisse auswirkt. Allerdings nicht an jedem Ort. Unwetter gab es schon immer, das ist nichts Neues, jedoch kann es sie in Zukunft durch den Klimawandel öfter geben. Auch hier finde ich, sollte man sich nicht nur Sorgen machen, sondern lieber Gedanken, wie man das verbessern kann. Der Mensch hat ja auch schon Fortschritte geschafft, wie z. B. bei den FCKW-Gasen, die große Teile unserer lebenswichtigen Ozonschicht zerstört haben. Weil wir diese Gase nun kaum noch verwenden, werden wir das Problem bis 2060 in den Griff bekommen. Dann ist die Ozonschicht voraussichtlich wieder in dem Zustand von 1980 – also wie vor dem sogenannten „Ozonloch".

↪ Das macht Mut, ich atme etwas erleichtert aus. Und schon habe ich die nächste Frage: Wo ist die Luft, die ich jetzt gerade ausatme, nächste Woche?

Dazu stell dir vor, du hast Knoblauch gegessen, wie ein Wahnsinniger. Stell dich nah zu jemandem hin, atme lange aus und er wird mit grünlichem Gesicht umfallen. Steht er aber hundert Meter von dir weg, wird er deinen Atem nicht riechen. Deine Atemluft vermischt sich ganz schnell mit der anderen Luft und verteilt sich in alle Richtungen. Die Moleküle aus deinem Atem reagieren chemisch mit anderen oder werden irgendwo zwischengelagert. Deswegen kann man nächste Woche schon nicht mehr von „deiner Atemluft" sprechen, denn sie wurde „vom Winde verweht".

2. Was verändert sich eigentlich beim Klimawandel? Und wann?

Warum die Dinos keine kalten Füße kriegten, was ein Klimadetektiv im Eis verloren hat, und wie der Mensch zum Klimawandler wird

Warum schrumpfte der Schachtelhalm?

Hast du schon mal ein Buch über Dinosaurier in den Händen gehabt oder einen Dino-Film gesehen? Kamen da Menschen und Bäume vor, wie du sie jeden Tag siehst? Bestimmt nicht, denn Menschen gab es zu Zeiten der Dinosaurier noch nicht, und die Pflanzenwelt sah ganz anders aus als heute.

Riesige Farne wuchsen z. B. hoch wie Bäume. Manche dieser Pflanzen gibt es auch heute noch, aber als Miniaturausgabe ihrer gigantischen Vorfahren. Schachtelhalm heißt eine dieser Pflanzen. Schau doch mal in einem Pflanzenbuch nach, wie sie aussieht, und stell sie dir in haushoch vor.

Warum wurden Schachtelhalme eigentlich vor hundert Millionen Jahren (da lebten die Dinosaurier) dreißig Meter hoch und einen Meter dick, während sie heute höchstens einen halben Meter hoch sind und nur fingerdicke Stängel haben?

Das Klima ist der Grund. Es hat sich nämlich geändert, seit die Dinos die Erde regierten, und das nicht nur ein Mal.

Lebten die Dinos im Dampfbad?

Zu Zeiten der Dinosaurier gab es nirgendwo auf der Erde Eis und Schnee, sondern viel mehr Meer und weniger Land als heute, und es war überall dampfig warm. Unter diesen Bedingungen – Treibhausklima genannt – entwickelten sich die Dinos und die Pflanzenwelt prächtig. Erinnerst du dich? Auf S. 16 hast du im Zusammenhang mit der weltweiten Erwärmung vom Treibhauseffekt gelesen. Treibhausklima und Treibhauseffekt sind aber nicht dasselbe. Du musst nicht glauben, dass der verstärkte Treibhauseffekt uns geradewegs zu einem Treibhausklima führt. So schnell laufen Klimaveränderungen nicht ab.

Während des Treibhausklimas zu Dinozeiten waren mehr Treibhausgase in der Erdatmosphäre als heute. Das lag vor allem daran, dass über Jahrmillionen hinweg unzählbar viele Vulkanausbrüche das Treibhausgas Kohlendioxid freigesetzt haben. Und das hat sich in der Erdatmosphäre eingelagert und die Wärme wie in einem Treibhaus auf der Erde festgehalten.

Kohlendioxid = Co_2

Kohlendioxid ist ein Gas ohne Geruch und Farbe, das sich ganz natürlich in der Luft um uns herum befindet. Wir atmen es zum Beispiel aus. Kohlendioxid hat eine Abkürzung, die du in diesem Buch oft finden wirst: CO_2.

Leben wir heute in einer Eiszeit?

Hätte sich das Klima seit hundert Millionen Jahren nicht geändert, würden vielleicht heute noch Dinosaurier Erde und Meere bevölkern. Eine schnelle Abkühlung des Erdklimas vor 65 Millionen Jahren führte aber zum Aussterben der Riesenechsen. Schon vorher war die Temperatur mal hoch und mal runter gegangen, aber an diese kleineren Schwankungen konnten sich die Dinos immer anpassen. Der extreme Temperaturabfall schuf aber so veränderte Lebensräume, dass die Anpassung nicht funktionieren konnte. Es dauerte dann noch ein paar Millionen Jahre, bis das Eiszeitalter begann und sich die Pole mit Eis überzogen.

Vom Affen zum Menschen

Der Mensch entwickelte sich vor ungefähr zwei bis drei Millionen Jahren aus seinen affenartigen Vorfahren. Zur gleichen Zeit gab es einen weltweiten Klimawandel. Die Temperaturen sanken stark ab. Viele Wissenschaftler glauben, dass das Aufeinandertreffen von Abkühlung und Entwicklung des Menschen kein Zufall ist. Es könnte eine Anpassung an die neue, kälter gewordene Umwelt sein. Wahrscheinlich hatten die Frühmenschen im Vergleich zum Affen die besseren Überlebenschancen in den veränderten Lebensräumen.

In diesem Eiszeitalter leben wir übrigens heute noch. Das kann man kaum glauben, weil wir uns zum Glück in einer zehntausend Jahre dauernden Wärmeperiode innerhalb der Eiszeit befinden. Wobei es in der warmen Zeit auch wieder kleine Eiszeiten gibt, in denen die Temperaturen für ein paar hundert Jahre deutlich fallen. Ungefähr alle 1500 Jahre kommt das vor.

Kleine Eiszeit

Zwischen 1550 und 1850 kam es in Nordeuropa zu einer Kleinen Eiszeit. Die Durchschnittliche Temperatur sank. Das führte zu langen, harten Wintern und Hungersnöten aufgrund von schlechten oder ganz ausbleibenden Ernten. Große sogenannte Auswanderungsbewegungen fallen in diese Zeit. Viele Menschen in Europa brachen auf, um ein besseres Leben ohne Hunger z. B. in Amerika zu suchen. Das heißt, sie verließen dauerhaft ihr Dorf, ihre Stadt und ihr Land, weil sie zu Hause mit ihren Familien nicht überleben konnten. Ohne genau zu wissen, was sie in ihrer neuen Heimat erwarten würde, zogen sie in fremde Länder.

Wer erinnert sich ans Klima vor Tausenden von Jahren?

Woher wissen wir eigentlich von Eiszeiten und Treibhauszeiten vor Millionen von Jahren? Denn da gab es ja noch niemanden, der morgens aufgestanden und zum Thermometer gegangen ist, um die Temperatur abzulesen und sie in ein dickes Buch einzutragen. Und das nicht, weil es keinen interessiert hat, sondern weil keiner da war:

Menschen gab es ja noch nicht, und Dinos haben genauso wenig schreiben können wie die Tiere vor und nach ihnen.

Des Rätsels Lösung liegt in der Natur: Das Klima hat jederzeit überall Spuren hinterlassen, die man heute noch finden kann – zum Beispiel im Gestein der Berge, auf dem Meeresgrund und im Eis der Polargebiete. Moderne Klimaforscher sind schlaue, geduldige Detektive, die mit raffinierten Mitteln und neu entwickelten Geräten diesen Spuren nachgehen und den Steinen, dem Meeresboden und dem Eis ihre Geheimnisse entlocken.

Was macht ein Klimadetektiv im Eis?

Nehmen wir als Beispiel das ewige Eis der Pole. Wenn man einfach drauf guckt, verrät es wenig. Zumindest nichts, was weit in die Vergangenheit zurückreicht. Man muss es schon anbohren, damit es einem seine Geschichte erzählt. Und je tiefer man bohrt, umso weiter dringt man in die Vergangenheit vor.

Genau das machen einige Spezialisten unter den Wissenschaftlern. Mit speziellen Bohrern bohren sie nicht etwa nur Löcher ins Eis, sondern holen das Eis auch von unten hoch, um es genau untersuchen zu können. Das, was sie da hochholen, nennt man Eiskerne. Daran kann man das Alter der jeweiligen Eisschicht bestimmen. Aber nicht nur das: Die Forscher können genaue Untersuchungen durchführen, die etwas über die Temperatur in der Vergangenheit aussagen, auch wenn der Eiskern zum Beispiel aus einer Zeit vor 50 000 Jahren stammt. Und so kann eben auch ermittelt werden, wie sich das Klima über lange Zeiträume verändert hat.

Schnee von gestern – das Eis von heute

Jahr für Jahr schneit es auf Grönland. Es ist dort immer so kalt, dass der Schnee auch im „Sommer" nicht wegschmilzt. Aber im Sommer schneit es nicht so viel neu, und so legt sich auf den hellen Winterschnee eine ganz dünne, dunklere Schicht Staub. Auf diese Schicht fällt dann der nächste Schnee, dieses Mal vielleicht mehr als letztes Jahr, und dann kommt wieder eine dünne Staubschicht. Der neue Schnee drückt den alten Schnee immer ein bisschen fester zusammen, sodass der gar kein Schnee mehr ist, sondern Eis. Und wenn das Jahr um Jahr, Jahrhundert um Jahrhundert und Jahrtausend um Jahrtausend passiert, dann liegt auf dem Land das, was man einen Eispanzer nennt: eine enorm dicke Eisschicht aus dem Schnee der Vergangenheit.

120 000 Jahre altes Eis liegt auf Grönland, haben die Forscher festgestellt. Dafür mussten sie viele Schichten von Sommer- und Winterabschnitten im Eis zählen!

Warum schwankt eigentlich das Klima?

Klar ist also, dass das Klima schon immer geschwankt hat. Aber woran liegt das? Wieso bleibt nicht immer alles gleich? Um diese Frage zu beantworten, ist es wichtig zu verstehen, wovon das Erdklima bestimmt wird. Da sind zwei Dinge zu nennen: 1) die Sonnenstrahlung, die auf der Erde ankommt. Und 2) die Strahlung, die wieder zurück ins All geht.

Unser Klima ist, wie es ist, weil 1) eine bestimmte Menge an Sonnenenergie die Erde erreicht und aufwärmt und 2) eine bestimmte Menge an Wärmeenergie wieder zurück ins All geht. Wenn sich das Verhältnis ankommender und ausgehender Energie nicht ändert, bleibt das Klima gleich. Ändert sich aber das Verhältnis, ändert sich auch das Klima. Wenn zum Beispiel mehr Wärme ins All abgegeben wird als vorher und die Sonneneinstrahlung dabei gleich bleibt, wird es kälter.

Sonneneinstrahlung – was kommt davon auf der Erde an?

Die Sonneneinstrahlung ist aber gar nicht immer gleich, sondern ändert sich manchmal, fast unmerklich. Das bekommen wir gar nicht unbedingt mit. Gemeint ist jetzt nämlich nicht, dass es im Sommer mehr und im Winter weniger Sonne gibt. Es geht um Veränderungen über viel längere Zeitabschnitte hinweg. Alle elf Jahre kommt zum Beispiel mehr Sonnenstrahlung auf der Erde an, weil sich dann in der Sonne selbst etwas verändert (durch die sogenannten Sonnenflecken).

Eine weitere Veränderung entsteht ungefähr alle 10 000 Jahre dadurch, dass die Umlaufbahn der Erde um die Sonne sich ändert.

Das sind Gründe für Klimaschwankungen, bei denen sich das ändert, was auf der Erde ankommt. Es kann sich aber auch noch das ändern, was von der Erde wieder ins All zurückstrahlt. Auch wenn diese Menge zu- oder abnimmt, kommt es zu einer Wandlung des Klimas.

Und was wird ins All zurückgestrahlt?

Wenn in einer Eiszeit viel Eis und Schnee weiß die Erde überzieht, wird mehr Wärmestrahlung ins All zurückgeschickt, als wenn die Erde von dunkelgrünen Wäldern bedeckt ist. Auch Art und Menge der kleinen Teilchen, die in der Luft rumschwirren (Ruß zum Beispiel), bestimmen mit, wie viel Wärme von der Erde ins All zurückgestrahlt wird. Hier spielt die Luftverschmutzung durch den Menschen eine große Rolle. Sehr wichtig ist auch die Zusammensetzung der Erdatmosphäre, von der du ab S. 15 schon gelesen hast, denn die dort vorhandene Menge an Treibhausgasen bestimmt, wie viel Wärme ins All durchgelassen wird und wie viel auf der Erde verbleibt. Je mehr Treibhausgase in der Atmosphäre sind, umso mehr Wärme bleibt auf der Erde.

Dreck in der Luft

Manche Arten der Luftverschmutzung wirken der Erderwärmung entgegen. Wolken aus winzigen Dreckteilchen (wissenschaftlich Aerosole genannt) schwächen das Sonnenlicht ab, indem sie es ins All zurückwerfen oder schlucken.

Der Mensch – ein Klimamacher?

Du weißt jetzt, dass das Erdklima an sich nichts Unveränderliches ist. Es schwankt und hat im Laufe der Erdgeschichte schon einige Extreme mitgemacht. All diese Schwankungen aber waren natürliche Schwankungen, die zum Beispiel durch Vulkantätigkeit oder einen anderen Stand der Erde zur Sonne ausgelöst wurden.

Das Neue in unserer Zeit ist also nicht, dass sich das Klima in Richtung Erderwärmung verändert. Neu ist, dass diese Veränderung vom Menschen ausgeht. Nicht mehr nur Vulkane spucken Kohlendioxid aus, das sich in der Atmosphäre sammelt, sondern wir Menschen. Das geschieht dadurch, dass wir Menschen Energie in sehr großer Menge verbrauchen, um unsere Fabriken, Autos, Flugzeuge, Heizungen usw. zu betreiben. Denn all diese Geräte und Maschinen brauchen Energie, um zu funktionieren, und diese Energie bekommen sie durch das Verbrennen von Öl, Kohle und Gas. Beim Verbrennen tritt aber jedes Mal Kohlendioxid aus, das früher oder später in der Atmosphäre landet und den Treibhauseffekt verstärkt.

Zudem verschmutzen wir die Luft mit den eben schon angesprochenen Schwebeteilchen, also winzigen Dreckteilchen, die in großer Menge in der Luft rumfliegen und auch Einfluss auf die Energiestrahlung haben. Auch die Umgestaltung der Erdoberfläche durch den Menschen wirkt aufs Klima ein. Vor allem die Abholzung der Wälder ist hier zu nennen.

Helle und dunkle Flächen

Dunkle Flächen heizen sich schneller auf als helle. Das kannst du ganz leicht ausprobieren. Leg mal an einem Sonnentag ein schwarzes Handtuch auf die Wiese neben ein weißes. Das schwarze wird schneller warm als das weiße. Vom weißen wird mehr ankommende Wärmestrahlung wieder zurückgeschickt als vom schwarzen. Das nämlich nimmt die Wärme auf. So ist das auch mit Flächen. Ein schneebedecktes Feld strahlt die Sonnenkraft wieder stärker zurück ins All als ein Feld in der gleichen Größe, das mit dunkelgrün belaubten Bäumen bepflanzt ist.

Wo liegt denn das Problem?

Der Mensch also bewirkt mit seinen Eingriffen Veränderungen. Warum aber ist das ein Problem? Veränderung im Klima gibt es sowieso – dann eben jetzt mal eine vom Menschen gemachte.

Das Problem ist die Geschwindigkeit. Die menschliche Einflussnahme aufs Klima seit der Industrialisierung, also grob gesagt seit dem verbreiteten Einsatz von Maschinen, die Kohle, Öl und Gas verbrauchen (das ging ungefähr 1750 los), beschleunigt die Erwärmung so sehr, dass sich Pflanzen- und Tierarten anders als bei früheren Änderungen kaum noch an die geänderten Lebensbedingungen anpassen können.

Denn solche Anpassungen, z. B. durch das Abwandern in günstigere Klimagebiete, brauchen oft sehr, sehr viel Zeit. Aber diesmal geht alles ziemlich schnell. Um fast ein Grad hat sich die Erdoberfläche in den letzten hundert Jahren erwärmt. Das klingt nach gar nicht so viel. Aber der Eindruck täuscht. Ein Grad bewirkt weltweit eine Menge, und die Temperatur wird wahrscheinlich weiter steigen.

Worauf müssen wir uns einstellen?

Im Zuge der Erderwärmung wird es zu Veränderung unserer Lebensbedingungen kommen, auf die wir uns einstellen müssen. Alle Erdbewohner, die sich den Planeten Erde als Lebensraum teilen: also Menschen, Tiere und Pflanzen. Darüber, wie weit die Veränderungen gehen werden und wie stark sie ins Leben eingreifen werden, streiten sich die Wissenschaftler.

Als sicher gilt aber,
- dass die Klimaveränderung sich auf Wettererscheinungen wie Dürre, Stürme und Niederschläge auswirken wird.
- dass sich die Meere erwärmen und ansteigen werden.
- dass die Meeresströmungen betroffen sind,
- genauso wie das ewige Eis und die dauerhaft gefrorenen Böden der nördlichen Regionen.

Malte fragt nach ... beim Klimaforscher Marcus Schumacher

◒ **In Ny-Ålesund dürfen nur Forscher leben. Woher kommt ihr alle, und was forscht ihr da eigentlich?**

Während der Sommermonate sind Wissenschaftler aus mehr als zwanzig Nationen im Ort, viele Forscher aus Europa, aber auch aus Japan, China, Indien, Korea ... Hauptsächlich untersucht werden Fragen zur Umwelt, aus allen Bereichen – Atmosphäre, Ozean, Boden und Eis. Dabei wird zum Beispiel betrachtet, von welchen Einflüssen das Auftauen der obersten Schicht Permafrost (Dauerfrost) im Sommer bestimmt wird und ob man über die letzten Jahre Veränderungen erkennen kann. Wie viel Wasser von den Gletschern ins Meer fließt. Wie sich die Ozonkonzentration in der Stratosphäre verändert. Richtig spannend wird es, wenn diese speziellen Untersuchungen dann zusammengebracht werden und dabei zum Beispiel entdeckt wird, dass Algen im Meer einen Sonnenbrand bekommen können, da wegen des Ozonlochs mehr UV-Strahlung am Boden und auch im Wasser ankommt.

◒ **Algen mit Sonnenbrand? Irre! Welches Forschungsergebnis in letzter Zeit hat dich noch erstaunt?**

In der Umgebung von Ny-Ålesund gibt es viele Gletscher, einer davon ist der Brøggerbreen, ein anderer der Comfortlessbreen. Der Brøggerbreen wird kleiner, der Eisrand ist jedes Jahr ein wenig weiter weg vom Dorf als im vorherigen Jahr. Der Comfortlessbreen dagegen ist ein großes Stück weiter nach vorne gewandert – dort, wo ich im letzten Frühjahr auf einem Hügel stand, liegt nun Eis. Erstaunlich ist, dass dieses „Nach-Vorne-Wandern" kein Argument ist gegen die Auswirkungen des Klimawandels. Viele Gletscher auf Spitzbergen sammeln an ihrem oberen Ende sehr viel Eis an – so lange, bis dieser Teil so schwer geworden ist, dass er beginnt, den Hang abwärts zu fließen und dabei den unteren Teil vor sich her schiebt. Wenn man nur den unteren Teil beobachtet, meint man, der Gletscher würde größer werden. Aber er wird dafür auch im oberen Bereich viel dünner, die Gesamtmenge an Eis ist also tatsächlich nicht größer geworden. Da es am Fuß des Berges wärmer ist als auf dem Berggipfel, schmilzt das Eis, das nach unten geschoben wurde, nun schneller. Der Comfortlessbreen wird also wie der Brøggerbreen in Zukunft immer kleiner werden. Hieran sieht man sehr gut, dass vieles, was erst so einfach aussieht, tatsächlich viel spannender und komplizierter ist.

⊃ Manchmal laufen hungrige Eisbären durch euer Dorf – hast du dann Angst?

Die meisten Eisbären machen normalerweise einen großen Bogen um den Ort. In diesem Frühjahr kamen allerdings auch einige direkt bis zum Hafen und mussten dann mit Knallpatronen vertrieben werden. Für den Fall dass doch einmal ein Eisbär nicht rechtzeitig gesehen und vertrieben wird, kann man sich im nächsten Haus in Sicherheit bringen, denn alle Eingangstüren im Dorf sind unverschlossen. Ein wenig unheimlich ist es vor allem im Winter, wenn es dunkel ist oder wenn man wegen Schneefalls oder Nebels nicht weit sehen kann. Dann kann für einen Augenblick auch ein Rentier wie ein Eisbär aussehen.

↪ Oha. Manche Forscher sind fünf Jahre in Ny-Ålesund, dem nördlichsten Dorf der Welt mit eigener Post. Bekommt ihr dort kein Heimweh?

Es gibt bei uns immer so viel zu tun, dass wir gar keine Zeit haben, Heimweh zu bekommen. Wir arbeiten jeden Tag, auch am Wochenende und an Weihnachten. Abends treffen wir uns dann zum Erzählen, machen Sport, gehen Wandern und Ski fahren oder liegen einfach nur auf dem Sofa und lesen ein interessantes Buch. Einmal, im Sommer sogar zweimal pro Woche kommt die Post mit dem Flugzeug. Am meisten freuen wir uns dann über Briefe und Pakete von zu Hause. Das ist viel schöner als E-Mails, über die wir den Kontakt zu unseren Kollegen in Deutschland halten.

↪ Eure Umgebung sieht wirklich aus wie ein Gletschergemälde oder eine Nordpoltapete. Wirst du dich jemals wieder in Deutschland eingewöhnen können? Worauf freust du dich am meisten?

Die Landschaft ist überwältigend – und mittendrin nur unser kleines Dorf. Was man hier lernt, ist, wie wenig man eigentlich braucht, um zufrieden zu sein. Ich glaube, es gibt weniger Dinge, auf die ich mich freue als solche, auf die ich auch weiter verzichten könnte, wie zum Beispiel Verkehrschaos, Lärm, Fernsehen und Reklame. Aber schön wird es sein, wieder Freunde, Familie und grüne Bäume zu sehen.

3. Haben Eisbären und Pinguine bald kein ewiges Eis mehr?

Warum Eis nicht gleich Eis ist, wofür Gletscher wichtig sind, und was passiert, wenn Dauerfrostböden ins Schwitzen kommen

Ist ewiges Eis wirklich ewig?

Du hast es im letzten Kapitel schon gelesen: Wir leben in einer Eiszeit. Zeichen dafür sind die mit Eis überzogenen Polargebiete und die Gebirgsgletscher der Welt. Sogar im warmen Afrika gibt es Eis und Schnee: auf dem hohen Berg Kilimandscharo in Tansania. Aber gerade an der Eiskappe des Kilimandscharo kann man ziemlich deutlich sehen, was weltweit zu beobachten ist – wenn auch oft nicht so offensichtlich wie dort: Das Eis schmilzt, weil es wärmer wird. Wenn es mit der Erwärmung so weiter geht, ist der seit Menschengedenken von Schnee gekrönte Kilimandscharo 2020, also wenn du ein junger Erwachsener bist, eisfrei.

Der Kilimandscharo ist weit weg – was ist mit den Alpen?

An den Gletschern lässt sich der Klimawandel besonders gut ablesen. Seit Beginn des erhöhten Kohlendioxid-Ausstoßes durch die Industrialisierung sind die Gletscher nämlich um die Hälfte geschrumpft. Das lässt sich sehr gut sehen, wenn man alte Fotos (also wirklich alte, solche von vor hundert Jahren) mit dem heutigen Stand vergleicht. Viel schwieriger ist es z. B., die Abnahme der Eisdicke am Nordpol zu messen.

> **Was ist ein Gletscher?**
>
> Gletscher sind Eisflächen in den Gebirgen dieser Welt, die sich, unter anderem weil sie am Hang liegen, langsam talwärts bewegen. Sie bestehen aus Eis, das sich über lange Zeit aus gefallenem Schnee gebildet hat.

Wofür sind Gletscher wichtig?

Da, wo Gletscher aufhören, beginnen Wasserläufe, die Schmelzwasser talabwärts bringen. Das Gletscherwasser ist extrem wichtig für die talwärts liegenden Orte und Städte. Es versorgt die Landwirtschaft der Region, und oft hängt sogar die gesamte Wasserversorgung davon ab. So ist das zum Beispiel in Südamerika. Für die Riesenstadt Lima im Gebirge Anden sagen Wissenschaftler in zehn Jahren große Schwierigkeiten bei der Wasserversorgung voraus. In Trockenzeiten kommt alles Wasser für die Stadtbewohner aus den Gletschern der Berge. Wenn die Gletscher aber ganz weg geschmolzen sind, kann auch kein Wasser mehr fließen. Das heißt, es muss heute dringend nach neuen Lösungen gesucht werden, damit Millionen von Menschen keine Wasserknappheit droht.

Ist das eine Eis anders als das andere Eis?

Wenn es in diesem Kapitel um unterschiedliche Eissorten geht, ist nicht der Unterschied zwischen Vanille- und Erdbeereis gemeint. Es geht hier um Packeis und um Eisschilde, um Gletscher und den dauerhaft gefrorenen Boden in den kalten Regionen der Welt.

Eine grundsätzliche Unterscheidung ist ganz wichtig: Es gibt Eis aus salzigem Meerwasser, das Packeis heißt, und Süßwassereis aus Niederschlägen, das oft Landeis genannt wird. Das nördliche Polargebiet ist eine riesige salzige Packeisfläche, denn dort ist das Nordpolarmeer zugefroren, weil es so kalt ist. Das Eisschild des südlichen Polarkreises dagegen ist unsalziges Landeis, da die Antarktis ein von Eis bedeckter Kontinent ist.

Die Pole

Unter dem Packeis des Nordpols befindet sich kein Kontinent, sondern das Nordpolarmeer. Zum Nordpolarkreis gehört auch Grönland, das von einem riesigen Eisschild (Landeis) bedeckt ist. Das antarktische Eis liegt auf einer großen Landmasse, dem antarktischen Kontinent. Man unterscheidet die kleinere Westantarktis und die größere Ostantarktis.

Landeis und Packeis – wo liegt denn da der Unterschied?

Zwischen Landeis und Packeis gibt es einen entscheidenden Unterschied, der beim Thema Klimaerwärmung eine wichtige Rolle spielt: Wenn im Meer schwimmendes Packeis (weil es wärmer wird) schmilzt, bleibt der Meeresspiegel gleich. Das heißt, das Wasser steigt nicht. Schmilzt aber Landeis, erhöht sich der Meeresspiegel, das heißt, das Wasser steigt. Und je nachdem, um wie viel der Meeresspiegel steigt, sind Inseln und Küsten mit ihren Städten von Überschwemmungen bedroht.

Eisbergschmelze

Wenn ein im Meer schwimmender Eisberg schmilzt, steigt das Wasser nicht an. Das liegt daran, dass das Schmelzwasser hinterher genauso viel Platz braucht wie das gefrorene Wasser (Eis) vorher. Das funktioniert auch, wenn du Eiswürfel in einem Glas Wasser schmelzen lässt. Probier's mal aus. Wirf einige Eiswürfel in ein Glas Wasser und mache eine Markierung am Glasrand. Schau dann noch einmal nach, wenn die Eiswürfel geschmolzen ist.

Taut die Tiefkühltruhe Grönland ab?

Die Eisschilde Grönlands und der Antarktis enthalten unvorstellbar große Mengen an Süßwasser in Eisform. Die Eisschichten sind bis zu drei, vier Kilometer dick. Das ist höher als der höchste Berg Deutschlands: die Zugspitze mit ihren knapp drei Kilometern. Wenn z. B. das ganze Eis Grönlands schmelzen würde, stiege der Meeresspiegel um sieben Meter. Die genaue Entwicklung des Eisschilds in Grönland im Zuge der Erderwärmung ist aber noch unklar. Unumstritten ist jedoch mittlerweile, dass das Grönlandeis bei drei Grad Temperaturanstieg vor Ort langsam, aber stetig abschmelzen würde.

Brauchen Eisbären kalte Füße?

Es gibt Forscher, die glauben (weil sie komplizierte Berechnungen angestellt und nicht weil sie sich's ausgedacht haben), dass die Arktis in der Mitte unseres Jahrhunderts im Sommer ganz und gar eisfrei sein könnte. Das wäre, wenn du ungefähr fünfzig Jahre alt wärst. Dann gäbe es zum Beispiel Eisbären nur noch in Zoos, aber nicht mehr in der freien Wildbahn, denn Eisbären brauchen ja das Eis als Lebensraum. Und natürlich stehen die Eisbären nur als Beispiel für ganz viele andere Tiere, die ideal an die Eiswüste des Nordpols angepasst sind: Walrösser, Seehundarten und viele Seevögel zum Beispiel.

Aber nicht nur Tiere, sondern auch Menschen sind direkt betroffen: Inuit – also Eskimos – berichten immer häufiger, dass ihre Jäger auf den traditionsreichen Wegen über das Eis eingebrochen und zu Schaden gekommen sind. Früher hat sie das Eis getragen, heute ist es an manchen Stellen schon zu dünn dafür.

Warum gibt es eine zusätzliche Erwärmung?

Erinnerst du dich an den Versuch mit den Handtüchern von S. 28? Es ging darum, dass helle Flächen sich durch die Sonne nicht so aufwärmen wie dunkle. Das gilt auch für unsere Erde: Wenn durch die Erderwärmung die weißen riesigen Eis- und Schneeflächen des Nordpols schmelzen und dunklen Wasserflächen Platz machen, führt das nämlich zu einer weiteren Erwärmung. Die dunklen Wasserflächen halten die Wärme auf der Erde fest, während die weißen Eisflächen sie ins All zurückschicken.

Was passiert in der Antarktis?

In der Antarktis sieht es ein bisschen anders aus als in der Arktis: Dort ist es wesentlich kälter. Deshalb können einige Grad Temperaturanstieg das Eis nicht so einfach zum Schmelzen bringen. Die Kälte ist immer noch groß genug, dass das Eis an Land erhalten bleibt. Es schmilzt erst bei Berührung mit wärmerem Meerwasser, nachdem es als Eisschelf aufs Meer hinausgeschoben wurde. Denn das Eis der Eisschilde liegt wie das der Gebirgsgletscher nicht ruhig da, sondern ist in Bewegung. Am Rand bilden sich große Eisplatten – Schelfeis genannt –, die übers Meer ragen und an ihren Rändern als Eisberge abbrechen. Das passiert seit der Erwärmung vor allem in der Westantarktis häufiger. Dadurch fließt das dahinter liegende Eis schneller ins Meer als vorher, was den Abbau der Eisflächen beschleunigt. Das ist übrigens auch in Grönland so.

Und was geschieht mit dauerhaft gefrorenem Boden?

In manchen Gegenden der Erde ist es so kalt, dass der Boden bis auf eine dünne Schicht an der Oberfläche nie auftaut. Das ist so in den Regionen, die sich nahe an den Polen befinden, und in Gebirgen, wo die große Höhe für eisige Kälte sorgt. Man nennt das Permafrost.

In den Permafrostgebieten taut nur im Sommer die Oberfläche auf. Die Menschen und Tiere, die dort leben haben sich gut auf diese Situation eingestellt und benutzen sogar den gefrorenen Boden für ihre Zwecke. In den Gebirgen sind zum Beispiel Seilbahnverankerungen tief im dauernd gefrorenen Boden festgemacht. In Gebieten um den Nordpol herum – Sibirien, Alaska usw. – sind die Gebäude so gebaut, dass sie den dauerhaft gefrorenen Boden brauchen.

Jetzt da der Permafrostboden in weiten Teilen auch in tieferen Schichten langsam auftaut, sinken Häuser und Straßen ein. Sogar ganze Waldstücke versinken im aufgeweichten Boden.

Permafrost

Das Fremdwort permanent kennst du vielleicht. Es bedeutet andauernd, dauerhaft. So kannst du dir **Perma = dauer + Frost** gut merken.

Meine Tagebuch-Reportage: Laufen für Shishmaref

Keine Schokoküsse
Am Montag kam unser neuer Lehrer ganz aufgekratzt aus der Pause zurück. „Leute", hat er gesagt, „ich habe eine Superidee, was wir dieses Jahr beim Schulfest machen können. Und die anderen Klassenlehrer hab ich auch schon überzeugt." Lina hat frech reingerufen: „Einen Stand mit Schokoküsse-Werfen mit Ihnen als Ziel", aber Herr Kispers war gar nicht sauer, sondern hat gelacht und gemeint, das könnten wir uns für nächstes Jahr aufheben. Dann hat er seine Idee gesagt. Ich fand sie erst doof. War ja klar, dass es wieder was Anstrengendes sein würde. Sport. Immer Sport! Aber die meisten fanden es gut, und dann hab ich so getan, als ob ich's auch von Anfang an gut gefunden hätte.

Benefiz
Ich wusste nicht, was Benefiz ist. Die anderen auch nicht, glaube ich. Anderen was Gutes tun, hat Herr Kispers erklärt. Und dann hat er uns erzählt, was das mit dem Schulfest zu tun hat. Zum Schulfest kommen ja immer ganz viele: Eltern, Tanten, Onkels, Omas, Opas, Freunde und so. Und die haben die Spendierhosen an. „Was ist das denn?", hat Luka gefragt, und Tim hat gerufen: „Das sind Hosen mit großen Taschen mit ganz viel Geld zum Ausgeben drin." „Stimmt genau, Tim", hat Herr Kispers gestrahlt, „und das Geld müssen sie ja nicht nur für Würstchen, Dosenwerfen und Tombola ausgeben, sondern auch, um anderen etwas Gutes zu tun." „Ich melde mich freiwillig als ‚andere'", hat Lina gesagt, aber da fing Herr Kispers schon ganz begeistert an, von seinem Projekt zu erzählt.

Ein Ort versinkt im Boden
Im Norden Alaskas gibt es auf einer Sandbankinsel einen Ort, der Shishmaref heißt. Kalt ist es da. Dort leben Inuit – also Eskimos – noch so, wie sie es früher gemacht haben. Sie jagen auf dem Eis und sammeln und trocknen Beeren. Ihre Essensvorräte vergraben sie in der Erde, damit sie kalt bleiben. Dadurch, dass es wärmer geworden ist, hat sich das Leben in Shishmaref zum Schlimmen verändert. Das Meer spült jetzt oft die Häuser der Bewohner weg, weil der Sandboden nicht mehr fest gefroren, sondern weich geworden ist. Und die Jäger können nicht mehr so gut ja-

gen, weil das Eis nicht mehr so dick wie früher ist. Einige Bewohner sind schon krank geworden, weil sie verdorbene Lebensmittel gegessen haben. Der Erdkühlschrank war sozusagen nicht mehr kalt genug.

Es ist klar, dass es Shishmaref an genau diesem Ort nicht mehr lange geben wird. Das Meer holt sich immer mehr von der Insel. Deshalb müssen die 600 Bewohner umziehen und ein neues Dorf gründen. Aber das kostet schrecklich viel Geld – Geld, das die Inuit nicht haben.

SOS = Rettet Shishmaref
Schüler aus Shishmaref haben ein Projekt ins Leben gerufen, um Geld für den Umzug zu sammeln. Sie nennen es SOS = Save Our Shishmaref. Das ist englisch und heißt: Rettet unser Shishmaref. „Da können wir uns als Schule ruhig angesprochen fühlen", sagte Herr Kispers und erzählte von einer anderen deutschen Schule, die Gebäck selbst gemacht, verkauft und dann das Geld an das Projekt SOS geschickt hätte. „Dasselbe machen, ist natürlich blöd", meinte Herr Kispers, „Deshalb und natürlich weil ich Sportlehrer bin, machen wir einen Benefiz-Lauf mit der ganzen Schule."
Ein Benefiz-Lauf funktioniert so: Die Schüler laufen so weit sie können. Und die Besucher mit den Spendierhosen zahlen für alle geschafften Kilometer einen Preis, den sie selbst bestimmen können. Meine Patentante hat zum Beispiel gesagt: „Zwei Euro pro 500 Meter. Wenn ich also 1000 Meter schaffe, spendet sie vier Euro. Ich hab mir 1500 Meter vorgenommen, aber ich sag es keinem außer Luka, vielleicht schaff ich's ja nicht. Andere zahlen fünfzig Cent pro Runde um den Sportplatz, und Merles Vater hat sogar gesagt, er zahlt zehn Euro. Das ist aber nicht nötig, hat Herr Kispers gemeint, jeder Cent zählt.

Geschafft!
1856 Euro. So viel haben wir erlaufen. Herr Kispers hat gesagt: „Ihr ward super, ich bin stolz auf euch." Ich bin auch stolz auf mich, weil ich 1400 Meter geschafft habe. Meine Tante hat gemeint, über die 100 Meter, die zu 1500 Meter fehlen, würde sie für den guten Zweck mal locker hinwegsehen, und hat trotzdem sechs Euro gegeben. Das Geld und Fotos von unserem Schulfest, dem Lauf und den Informationsplakaten, die wir für die Besucher gemacht haben, schicken wir jetzt an Rettet Shishmaref. Die haben sich schon mit Herrn Kispers E-Mails geschrieben und wollen die Bilder auf ihrer Internetseite zeigen. Cool, oder? Ich hab's ja sonst nicht so mit rennen, aber so hat's echt Spaß gemacht.

Malte fragt nach ...
beim Tierfilmer Andreas Kieling

◉ **Alle reden vom Eisbären, dem am Nordpol der Boden unter den Tatzen wegschmilzt. Welche Tiere leiden noch unter den Klimaveränderungen?**

Der Mensch beschleunigt den Klimawandel, keine Frage. Jedoch hat es Klimaschwankungen in der Geschichte der Erde immer gegeben. Zum Teil führten sie zum Aussterben von Tierarten, andere Tiere sahen ihre Vorteile darin. Wenn es in der Arktis wärmer wird, gerade im Sommer, kann dies für Landtiere auch mehr Regen und mehr Futter bedeuten. Schlecht ist der Klimawandel für Tiere, die ein kaltes, raues Klima brauchen, z. B. für den Moschusochsen. Der ist ja eine Mischung aus Ziege und Schaf. Sein langes, wolliges Fell ist perfekt gemacht für trockene, eisige Kälte. Wenn es nun wärmer und damit feuchter wird, hängt diese Feuchtigkeit im Fell und kann zu schweren Krankheiten führen. Das Wollnashorn ist deswegen ausgestorben. Rentiere können sich da mit ihrem Fell leichter anpassen. Solche Tiere nennt man Generalisten.
Insgesamt kann man sagen, dass Tiere mit Klimaveränderungen sehr zu kämpfen haben, die sich auf ihr Futter oder die Umgebung spezialisiert haben.

◉ **Um gute Tierfilme machen zu können, musst du genau wissen, wie die einzelnen Tiere, z. B. Moschusochsen, leben. Fühlst du dadurch besonders mit deren schwieriger Lage mit?**

O ja! Vor 5000 Jahren gab es sogar hier, wo heute Deutschland ist, Moschusochsen. Da war es in dieser Gegend eisig und trocken: Eiszeitklima. Als es dann wärmer wurde, mussten sich diese Tiere immer weiter nach Norden zurückziehen. Heute leben sie in Grönland und am Rand des arktischen Festlands. Das heißt, sie können bei weiterer Erwärmung nicht mehr fliehen. In etwa 200 bis 300 Jahren könnte dies lebensbedrohlich sein.

⊙ Welche Veränderungen hast du auf deinen Reisen festgestellt im Vergleich zu früheren?

Auf meinen Reisen konnte ich beispielsweise beobachten, dass in der Arktis die Vögel im Frühjahr inzwischen eher kommen als noch vor 15 Jahren. Ich kenne große Gletscher in Alaska und Kanada. Wenn ich diese nun ein paar Jahre nicht gesehen habe und mit meinem Kanu dort wieder vorbeikomme, denke ich: Donnerwetter, nun hat sich der Gletscher schon wieder 100 oder 200 Meter zurückgezogen!

Außerdem sehe ich auch Insekten und Vögel, die sich normalerweise in wärmeren Gebieten aufhalten, im Sommer immer weiter im Norden. Die Permafrostböden sind vor acht Jahren nur einen halben Meter tief aufgetaut, inzwischen geht das immer weiter runter ...

⊙ Wie können wir den Tieren helfen, die so weit von uns entfernt leben?

Wir haben hier in Mitteleuropa ein ziemlich hohes Umweltbewusstsein. Wenn ich an Schulen bin und dort mit Jugendlichen spreche, merke ich schon, dass sie viel wissen. Den Wasserhahn nicht unnötig laufen lassen, Strom sparen, die Heizung nicht bis zum Anschlag hochdrehen ... Früher mussten die Menschen aus der Not heraus sowieso sparsamer leben. Sie konnten nicht so viele Lebensmittel wegschmeißen.

Heute müssen wir darauf achten, dass nicht zu viel Verpackungsmüll drum herum ist. Das sind alles kleine Dinge, die helfen. Ganz besonders wichtig finde ich auch, dass die ganze Familie öfter zusammen in die Natur gehen, sie bewundern, schätzen und entdecken sollte. Ich denke, man schützt nur das, was man schätzt. Wenn man den großen Kreislauf der Natur verstehen möchte, kann man im Kleinen anfangen. Beim Feuchtbiotop hinterm Haus, an einem kleinen Bach am Stadtrand: Wie leben dort Amphibien, Fische, Insekten, Vögel zusammen?

⮞ Was möchtest du mit deinen Filmen bewirken?

Eines meiner größten Anliegen ist: Wie kann ich vor allem Jugendlichen die Natur auf eine Weise präsentieren und näher bringen, dass sie wirklich fasziniert sind? Ich möchte Denkanstöße geben. Bewusst zeige ich keine elendig sterbenden Tiere, Abwasserleitungen, die sich in einen Fischteich ergießen oder aufsteigende Giftgaswolken. Ich erlebe die Natur als Abenteuer und kommentiere auch Missstände, aber immer ohne erhobenen Zeigefinger. Der Zuschauer soll selbst darüber nachdenken. Ich möchte nicht abschrecken, sondern motivieren.

⮞ Du kennst ja nun wirklich alle Tiere. Hast du eigentlich ein Lieblingstier?

Eine Zeit lang waren nur Eisbär und Braunbär meine Lieblingstiere. Inzwischen habe ich noch mehr. Berggorilla, Elefant und Komodowaran sind inzwischen dazugekommen. Das kann morgen schon wieder anders sein. Als Tierfilmer kann ich einfach nicht nur ein Tier am besten finden.

4. Warum steigt der Meeresspiegel, und warum gibt es mancherorts zu wenig und anderswo zu viel Regen?

Warum das Wasser sich immer breiter macht, wenn der Meeresspiegel steigt, und was bei einem Hurrikan passiert

Warum wird die Erde „blauer Planet" genannt?

Wenn du durch deine Stadt oder deinen Ort gehst, siehst du Häuser, Straßen, Wiesen, Bäume und hier und da vielleicht mal einen Bach, einen Fluss oder einen See. Wer aber nicht an einem großen See oder sogar am Meer wohnt, hat gar nicht das Gefühl von viel Wasser in seiner Umgebung. Und trotzdem heißt die Erde auch „der blaue Planet", weil sie zu knapp zwei Dritteln von Wasser bedeckt ist. Als Astronaut vom All aus kann man diesen Eindruck viel besser bekommen als von der Erde aus. Das viele Wasser der Erde spielt eine wichtige Rolle für das Klima.

Das meiste Wasser der Erde ist das Salzwasser der Ozeane. Für die Wasserversorgung der Menschen und Tiere und auch für die Landwirtschaft ist aber Süßwasser aus Niederschlägen, Seen, Flüssen, Bächen und Grundwasser (also Wasservorkommen unter der Erde) erforderlich. Das Meereswasser ist dafür nicht geeignet, obwohl es davon viel mehr gibt als vom Süßwasser. Das meiste Süßwasser ist übrigens in den Gletschern und Eisschilden der Gebirge und Polarregionen als Eis gespeichert.

Ozeane

Fast alles (über 95 Prozent) Wasser auf der Erde ist Salzwasser.
Die Ozeane heißen:
- Arktischer Ozean (Nordpolarmeer)
- Atlantischer Ozean
- Pazifischer Ozean
- Indischer Ozean
- Antarktischer Ozean (Südpolarmeer)

Allein der Pazifische Ozean ist größer als alle Kontinente zusammen.

Was macht der Klimawandel mit dem Meer?

Du weißt, dass das Meer an unterschiedlichen Stellen der Welt unterschiedlich warm ist. Deshalb machen ja so viele gerne Urlaub in der Karibik (das ist ein sehr warmer, tropischer Teil des Atlantischen Ozeans) oder zumindest am Mittelmeer. Das ist auch schon viel wärmer als zum Beispiel die Nordsee, in der man ja auch herrlich schwimmen kann. Man muss sich nur beim Reingehen überwinden.

Wer allerdings am Nordpolarmeer Badeurlaub machen wollte, müsste schon ganz schön verrückt sein. Das wäre auch noch so, wenn das Nordpolarmeer ein paar Grad wärmer wäre. Zum Schwimmen lüde es trotzdem nicht ein. Zumindest nicht Menschen. Viele Tiere schon. Die sind ganz auf das kalte Meerwasser eingerichtet.

Wenn sich nun die weltweite Temperatur erwärmt, erwärmen sich auch die Meere. Sie sind deshalb nicht überall gleich warm. Aber eben jeweils wärmer als vorher. Und das hat – je nach Meer oder Klimazone – unterschiedliche Folgen.

Warum macht sich das Wasser breit?

Durch den weltweiten Temperaturanstieg werden die Meere wärmer. Wärmeres Wasser nimmt mehr Platz ein als kaltes. Es dehnt sich aus. Das ist ein Naturgesetz.

Und wohin dehnt sich ein Meer aus, wenn sein Wasser mehr Platz braucht? Unten im Meer ist der Meeresboden, diese Richtung geht also nicht. Logischerweise dehnt sich das Wasser also nach oben aus. Man sagt: Der Meeresspiegel – also die Meeresoberfläche – steigt. Das merkt man dann an den Küsten, wenn das Wasser weiter ins Land hinein läuft als vorher.

> **Zu Fuß auf die Insel**
>
> Vor 20 000 Jahren auf dem Höhepunkt der Eiszeit lag der Meeresspiegel 120 Meter tiefer als heute. Du hättest damals von Frankreich aus zu Fuß nach Großbritannien gehen können, das heute eine Insel im Atlantischen Ozean ist.

Und was geschieht mit dem Schmelzwasser?

Im Kapitel über das Eis hast du es schon gelesen: Das Meer steigt nicht nur an, weil es sich durch Erwärmung ausdehnt. Es steigt auch, weil Landeis der Antarktis und Grönlands schmilzt und als Wasser ins Meer gelangt. Zusätzlich hebt das Wasser der schmelzenden Gebirgsgletscher den Meeresspiegel. Ob, wie und wann die großen Landeismassen in den polaren Gebieten schmelzen, ist den Wissenschaftlern aber noch gar nicht klar. Natürlich schmilzt nicht ganz Grönland auf einmal ab. Das ist ein äußerst langsamer Verlauf. Wenn alles Grönlandeis schmelzen würde, stiege der Meeresspiegel um sieben Meter.

Wie sich die Eismasse der Antarktis verhalten wird, ist ebenfalls schwer vorauszusagen. Das Eis der Ostantarktis gilt bisher als stabil. Das ist beruhigend, wenn man bedenkt, dass im ostantarktischen Eisschild soviel Wasser gefroren ist, dass der Meeresspiegel bei komplettem Abschmelzen um fünfzig Meter steigen würde. Das westantarktische Eis hat sich schon jetzt als angreifbarer durch die Erwärmung gezeigt als das ostantarktische. Es speichert Wasser, das den Meeresspiegel um sechs Meter erhöhen würde.

Wie hoch steigt das Meer?

Schon im 20. Jahrhundert stieg der Meeresspiegel an. Anderthalb bis zwei Zentimeter in zehn Jahren. Dieser Anstieg hat sich im 21. Jahrhundert beschleunigt: Jetzt sind es schon zweieinhalb Zentimeter in zehn Jahren. Das hört sich nach wenig an, kann aber eine Menge Schaden anrichten. Heute kann man die Meereshöhe durch Satelliten vom Weltall aus sehr genau ermitteln. Viele Wissenschaftler gehen davon aus, dass der Meeresspiegel bis 2100, also in gut neunzig Jahren, zwischen zwanzig und sechzig Zentimeter steigt. Das aber nur, falls die großen polaren Eisschilde nicht schmelzen.

Andere halten diese Schätzungen für zu gering und vermuten einen Anstieg von bis zu zwei Metern.

In einem sind sich die Forscher aber einig: Der Meeresanstieg ist eine späte Folge des Klimawandels. Ist der Meeresanstieg aber einmal in Gang gebracht, setzt er sich über Jahrhunderte fort, auch wenn die Erwärmung bereits gestoppt ist. Wie ein riesiges Schiff, das auch nach einer Vollbremsung noch ewig braucht, um anzuhalten.

Was passiert, wenn das Meer steigt?

Was passiert aber nun, wenn das Meer ansteigt? Es überflutet Land und Städte, die vorher auf dem Trockenen lagen. Es gibt Inseln, die liegen so niedrig im Meerwasser, dass sie schon heute regelmäßig überschwemmt werden. Da kann auch bei nur wenigen Zentimetern Erhöhung des Meeresspiegels keiner mehr leben, weil die Überschwemmung dann zum Dauerzustand wird.

Aber wohin gehen die Bewohner, die ihre Heimat verlieren? Und was ist, wenn das Wasser so hoch steigt, dass Gegenden oder Städte mit Millionen Einwohnern an der Küste gefährdet sind? Für so viele Menschen ist es gar nicht so leicht, einen neuen Ort zum Leben und Arbeiten zu finden. Und gerade arme Länder können sich oft die teuren Maßnahmen zum Schutz vor Fluten nicht leisten.

Wo Meer Land überschwemmt, kommt es zu schwierigen Bedingungen für die Landwirtschaft und Trinkwasserversorgung, denn das salzhaltige Meerwasser führt zu Versalzung von Boden und Wasser. Und salziger Boden verliert seine Fruchtbarkeit, genauso wie salziges Wasser nicht als Trinkwasser geeignet ist.

Stiege das Meer um ungefähr sieben Meter, würden viele große Küstenstädte überschwemmt. Betroffen wären zum Beispiel London, New York, Tokio, Shanghai und Kalkutta.
Schon ein Anstieg um ungefähr einen Meter würde zum Beispiel bewirken, dass ein Fünftel von Bangladesch, ein Land in Asien, nicht mehr bewohnbar wäre, da das Land arm ist und sich keine wirkungsvollen Schutzdämme leisten kann.
Der kleine Inselstaat Tuvalu im Pazifik nördlich von Neuseeland könnte schon in den nächsten dreißig Jahren durch einen geringen Meeresanstieg überflutet werden.

Und reagieren die Meeresströmungen?

Meerwasser bleibt nicht im jeweils „eigenen" Ozean, sondern strömt auf bestimmten Wegen und in unterschiedlichen Tiefen durch die ganzen Weltmeere. Das nennt man Meeresströmungen oder globales (also weltweites) Förderband. Temperaturunterschiede des Wassers und Unterschiede im Salzgehalt halten diese Strömungen am Laufen.

Beides verändert sich aber im Zuge der Klimaveränderung. Die allgemeine Temperatur, und damit auch die Wassertemperatur, steigt. Und wo Süßwasser durch Schmelzen von Landeis ins Meerwasser fließt, ändert sich der Salzgehalt. Er wird kleiner. Die Forschung ist noch nicht sicher, wie, wann und wie stark diese Veränderungen auf die Meeresströmungen durchschlagen. Klar ist aber, dass eine Verlangsamung, ein Stehenbleiben oder eine Umkehr der Fließrichtung starke Veränderungen der Lebensbedingungen bedeuten würden.

Warum bilden sich mehr Stürme?

Der Anstieg der Meere und eine mögliche Änderung der Meeresströmungen sind nicht die einzigen Auswirkungen der Erwärmung des Wassers. Über wärmerem Wasser bilden sich auch schneller und häufiger starke Stürme. Sie entstehen über dem Wasser und bewegen sich fort. Wo die Stürme auf Land stoßen, richten sie große Verwüstungen an.

Deutschland ist von dieser Art Wirbelstürme nicht direkt betroffen. Das Meer hier ist nicht warm genug für Hurrikane. Die brauchen nämlich Wassertemperaturen von mehr als 27 Grad Celsius, damit sie überhaupt erst entstehen. Und so warm sind Nord- und Ostsee nicht.

Hurrikane bilden sich in der Tropischen Klimazone und tauchen auch dort meist erst am Ende des Sommers auf, wenn das Meer am stärksten aufgewärmt ist. Die Menschen an den Küsten der warmen Meere (und natürlich die Seefahrer) haben schon immer unter den verheerenden Wirbelstürmen zu leiden gehabt. Aber durch die Erwärmung der Meere kommt es heute häufiger zu Hurrikanen als früher.

Malte fragt nach ...
bei seinem Bruder Jonas

→ Du warst im Urlaub bei Freunden in Havanna (Kuba). Dort ist das Leben ja ganz anders als hier. Es gibt zum Beispiel nur bis 16 Uhr Wasser aus der Leitung ...

Das Trinkwasser ist in einem heißen Land wie Kuba sehr knapp. Auf dem Dach der meisten Häuser ist zwischen den Wäscheleinen ein großer Wasserbehälter, der sich bis 16 Uhr ganz füllen kann. Danach bekommt man aus diesem Tank nur noch eine begrenzte Wassermenge. Das heißt, abends lange baden oder duschen geht dort nicht. Warmes Wasser kommt auch nicht aus der Leitung, dafür haben die Familien, die es sich leisten können, eine Art Wasserkocher über der Dusche. Wenn man sich damit nicht auskennt, ist das nicht ungefährlich. Für die Toilette wird ein Eimer mit Regenwasser gefüllt (aus der Tonne im Hinterhof) und anschließend ins Klo geschüttet. Das war für mich ganz schön gewöhnungsbedürftig.
Das Leitungswasser kann ich als Tourist aus Deutschland übrigens nicht einfach trinken. Das muss vorher gekocht und anschließend gefroren werden, um die Bakterien im Wasser abzutöten. Was ich toll finde, sind die vielen leckeren Früchte und Säfte in Kuba. Ich habe sogar Mangos mit Schale gegessen!

→ Durch Hurrikan-Meldungen in den USA bereitete man sich auch in Kuba auf einen schweren Sturm vor: Es gab eine Hurrikan-Warnung. Was habt ihr gemacht?

Wir sind sofort zum nächsten Brotstand gegangen. In den ärmeren Wohnvierteln gibt es nämlich keine Supermärkte. Die Kubaner, die weder Radio noch Fernsehen haben, wurden von Freunden informiert. Nach der Sturmwarnung wollten alle Familien so viel Brot wie möglich einkaufen, deswegen standen wir eine gute halbe Stunde an. Danach sind wir mit dem ergatterten Brot ins Haus zurückgegangen, das wir anschließend gut verriegelt haben. Weil es in Kuba so warm ist, sind die Fenster normalerweise das ganze Jahr über offen. Nun haben wir sie alle fest verschlossen. Manche Familien haben sogar Holzbretter vor den Fenstern befestigt, um zu verhindern, dass herumfliegende Riesenäste oder größere Gegenstände die Scheiben zerstören.

⊙ Durftet ihr noch draußen spielen, als der schwere Sturm im Anflug war?

Nein, das wäre zu gefährlich gewesen. Der Sturm ist schneller da, als man denkt. Da die Kinder noch Ferien hatten, mussten sie sowieso nicht zur Schule gehen. Aber in so einem Fall würde der Unterricht ausfallen.

⊙ Gab es Stromausfall? Was habt ihr gegessen?

Als es windiger wurde und sich der Hurrikan näherte – das war erst abends –, hat die kubanische Regierung den Strom abgestellt, um Kurzschlüsse zu verhindern. Inzwischen war es aber dunkel, deshalb mussten wir Kerzen anzünden. Das fand ich etwas unheimlich. Draußen der laute Sturm und innen das Kerzenflackern an den Wänden. Da das Essen im Kühlschrank langsam warm wurde – denn es gab ja keinen Strom mehr –, mussten wir uns schnell Butterbrote schmieren. Avocados und andere Früchte hatten meine Freunde schon am Tag zuvor auf dem großen Markt in der Innenstadt besorgt.

❂ Wie lange musstet ihr dann abends und nachts ohne Licht leben?

So schnell, wie der Hurrikan kam, war er auch wieder weg. Das Ganze war an einem Abend und in der darauffolgenden Nacht.

❂ Hattest du Angst?

Ich fand das schon ein wenig unheimlich, aber da wir in einer großen Familie waren, konnten wir uns prima ablenken und sogar zusammen lachen und Witze machen. Auch die kleineren Kinder waren nicht aufgeregt, weil sie das ja schon ihr Leben lang kennen. Im Herbst gibt es regelmäßig Hurrikanwarnungen und starke Regenfälle. Ich aber dachte echt: Das Wetter spielt verrückt!

❂ Was passierte nach dem Hurrikan?

In der Hurrikannacht haben wir sogar relativ ruhig schlafen können, da die Fenster und Türen gut abgedichtet waren. Als ich am nächsten Morgen die Tür öffnete, war die Straße vor dem Haus übersät mit Ästen und Zweigen, Blättern, einigen Verpackungen, kleineren Holz- und Möbelteilen. Viele Bäume waren abgeknickt. Ich war erstaunt, wie viel Kraft die Natur in so einem Hurrikan entwickelt. Ziemlich schnell wurde von speziellen Arbeitern die Straße freigeräumt. In Kuba sind die Straßen aber allgemein in einem schlechten Zustand. Es gibt viele Risse in den Steinen und Schlaglöcher.
Glücklicherweise ist am Haus meiner Familie nichts Schlimmes passiert. Die Nachbarn hatten mehr Pech: Dort waren Fenster zerstört. Wir mussten trotzdem kichern, als wir sahen, dass die Unterhose von Opa Oscar im Baum hing.

> **Viele Namen, eine Bedeutung**
> Tropische Wirbelstürme haben unterschiedliche Namen:
> - Hurrikane heißen sie über dem Atlantik
> - Taifune im Nordwest-Pazifik
> - und Zyklone im Südpazifik.

Was passiert bei einem Hurrikan?

Warmes Wasser steigt als Dunst nach oben. Das kennst du zum Beispiel aus dem Bad. Wenn du ein warmes Wannenbad nimmst, ist die Luft im ganzen Badezimmer bis unter die Zimmerdecke bald warm und feucht. Das passiert auch über dem durch die Sonne aufgewärmten Meer. Wasser verdunstet und steigt nach oben. Es bilden sich hoch aufgetürmte Regenwolken und ein Aufwärtssog, der noch mehr feuchtwarme Luft ansaugt. Etwa so, als wenn du durch einen Trinkhalm Flüssigkeit ansaugst. Das ganze Sturmgebiet fängt dann auch noch an sich zu drehen: Ein gewaltiger Wirbel aus Wolken und Wind bewegt sich mit großer Geschwindigkeit über das Meer.
Auf dem Meer müssen sich nur Schiffe in Acht nehmen. Wenn der Hurrikan aber auf eine Insel oder aufs Festland zusteuert, bedeutet das große Gefahr für alle Küstenbewohner. Denn nicht nur der Sturmwind hat schreckliche Kraft, um zum Beispiel Häuser zu zerstören. Fast noch schlimmer ist, dass so ein Sturm riesige Wellenberge vor sich herschiebt, die das Land überfluten.

Können Sturmwarnungen helfen?

Zum Glück kann man Hurrikane heutzutage durch Satelliten im Weltall gut beobachten. Dadurch können die Bewohner der Gebiete, wo der Sturm wahrscheinlich auftrifft, meist rechtzeitig gewarnt werden. Sie sollten sich in ihren Häusern verbarrikadieren oder ins Landesinnere flüchten.

Aber selbst, wenn keine Menschen verletzt werden: Der sogenannte Sachschaden, also die Verwüstungen, die der Sturm an Gebäuden, Brücken, Straßen, der Elektroversorgung und in der Landschaft hinterlässt, ist oft unvorstellbar hoch. Und meist verlieren Menschen, die ohnehin schon arm sind, auch noch ihr letztes Hab und Gut.

Wohin führen Wetterextreme?

Stürme sind nicht die einzigen gefährlichen Wetterzustände, die im Zuge des weltweiten Klimawandels zunehmen. In vielen Gebieten wird die Hitze wachsen, was zu Dürre und Wasserknappheit führen kann. Es wird vielerorts schwieriger oder unmöglich werden, Nahrungsmittel anzubauen, und es trifft oft die Regionen der Welt, die jetzt schon mit Trockenheit und Mangel zu kämpfen haben.

So zum Beispiel die Gebiete am Rande der Wüsten, in denen jetzt noch ein Leben für Menschen möglich ist, auch wenn es äußerst karg ist. Wenn sich die lebensfeindliche Wüste aber ausbreitet, müssen die Bewohner der Wüstenrandgebiete weiterwandern. Aber in den angrenzenden Regionen leben ja auch schon Menschen, die meist nicht bereit sind, ihr Land und ihre knappe Nahrung mit weiteren Bewohnern zu teilen.

Mehr Regen – trotz steigender Hitze?

Erhöhte Temperaturen werden überall für mehr und extremere Hitzeperioden sorgen, als wir sie heute gewohnt sind. Darunter leiden besonders alte und kranke Menschen. Ihre Körper können so hohe Temperaturen und Temperaturschwankungen nicht verkraften.

Hitze und Regen scheinen auf den ersten Blick nicht zusammenzupassen. Aber dennoch wird die weltweite Erwärmung auch zu größeren, teils sintflutartigen Regenfällen führen. Vor allem auch in den gemäßigten Breiten, in denen wir leben.

Wärmere Luft kann nämlich mehr Feuchtigkeit aufnehmen als kühlere. Und wenn solche feuchte Luft beispielsweise gegen ein Gebirge prallt, beginnt es zu regnen. Und dann regnet es nicht nur ein bisschen, sondern heftig, weil die Luft ganz und gar mit Feuchtigkeit angereichert ist. So kann es zunehmend zu sintflutartigen Regenfällen und damit einhergehenden Überschwemmungen kommen, weil der Boden, die Bäche und Flüsse die Regenmassen nicht mehr aufnehmen können.

Auch du musst während einer Hitzewelle vorsichtig sein. Trinke viel und bewege dich wenig im Freien. Dein Körper braucht jetzt besonders viel Flüssigkeit zur Kühlung, damit trotz der Hitze alles so weiter funktionieren kann wie bisher.

Was geschieht mit dem Plankton?

Kommen wir vom Süßwasser – denn das ist Regen ja – noch mal zum salzigen Meerwasser. Das Meerwasser hat nämlich eine fürs Klima wichtige Fähigkeit, von der bisher noch nicht die Rede war: Es nimmt Kohlendioxid auf. Und zwar in großen Mengen. Nicht das Wasser selbst, sondern das in jedem Tropfen Wasser an der Oberfläche des Meeres tausendfach enthaltene pflanzliche Plankton. Dieses Plankton sind winzigste pflanzliche Lebewesen, die, wie die Bäume auch, Kohlendioxid aus der Luft aufnehmen und Sauerstoff produzieren. Und obwohl Plankton so winzig ist, bindet es insgesamt fast genauso viel Kohlenstoff wie alle Landpflanzen der Erde zusammen. Die Masse macht's!

Durch die fortschreitende Verschmutzung der Meere ist das empfindliche Plankton aber gefährdet. Und da es die Lebensgrundlage für viele Meeresbewohner bildet, würde sein Absterben nicht nur die CO_2-Aufnahme verringern, und damit zu noch größerer Erwärmung führen, sondern auch ein Fischsterben im Meer bewirken.

Und was passiert mit dem Leben im Wasser?

Die Erwärmung der Meere hat große Auswirkungen auf ihre Bewohner, die sich an eine bestimmte Temperatur und Wasserqualität angepasst haben. Bestimmte Muschelarten aus der Nordsee wandern zum Beispiel immer weiter nach Norden in das kältere Wasser des nördlichen Atlantiks. Dafür gibt es in der Nordsee jetzt Muscheln und Fische, für die es dort vorher zu kalt war. Für viele Arten kommt die Veränderung aber zu schnell. Sie können sich nicht anpassen oder weiterwandern und sterben aus.

So sind beispielsweise die großen Korallenriffe der Welt gefährdet, die neben den Regenwäldern den meisten Arten von Lebewesen einen geeigneten Lebensraum bieten. Wenn die Meere mehr Kohlendioxid aufnehmen und wärmer werden, können viele Panzer- und Schalentiere, wie Krebse und Muscheln, ihre Panzer und Schalen gar nicht mehr bilden, weil die Wasserqualität das nicht zulässt. Man sagt, das Wasser ist zu sauer. Damit ist nicht sauer im Sinne von „böse" gemeint, sondern sauer im Sinne der chemischen Qualität.

5. Was hat unser Energiehunger mit der Erderwärmung zu tun?

Wo überall ein Stecker dran ist, woher der viele Kohlenstoff kommt und woher der große Energiehunger der Menschen

Wie füttert man Maschinen?

Weißt du eigentlich, warum du essen musst? Damit dein Körper die Energie bekommt, die er braucht, um zu funktionieren. Wenn du aufhören würdest zu essen, würdest du immer und immer schwächer und müsstest schließlich sterben.

Aber nicht nur dein Körper ist (grob vereinfacht) eine Art Maschine, die für dich arbeitet und für diese Arbeit fortwährend mit Energie gefüttert werden muss. Du bist auch von unzähligen Geräten umgeben, die du manchmal oder sogar täglich benutzt und die alle Energiezufuhr brauchen, um ihre Arbeit zu leisten – so wie dein Körper. Nur dass sie nicht mit Nahrungsmitteln, sondern mit anderen Energielieferanten „gefüttert" werden. Oft werden sie mit Strom betrieben. Dann haben sie einen Stecker oder eine Batterie. Oder sie funktionieren mit Gas oder wie die meisten Autos mit Benzin.

Meine Stecker-dran-Liste des Tages

Ich habe mir einen neuen blauen Filzstift und ein Notiz-Heft genommen, weil ich eine selbst ausgedachte Liste machen will. Also, es war nicht ganz meine Idee, aber ich bin alleine auf die Idee mit der Tagesliste gekommen. Frau Mansfeld hat in Sachkunde zum Thema Strom nur gesagt, wir sollten uns mal überlegen, an was für Geräten, die wir benutzen, ein Stecker dran ist. Oder eine Batterie drin. Oder zumindest ein Schalter, auch wenn wir keinen Stecker sehen. Oder ein Motor. Und da hab ich gedacht, jetzt am Wochenende mach ich mal eine Stecker-dran-Batterie-drin-Tagesliste. Hier ist sie:

- *Nachttischlampe* angeknipst, um zu gucken, wie spät es ist.
- Der *Wecker* zeigt 6.34 Uhr (Batterie!, das weiß ich, weil wir vor einer Woche zu spät gekommen sind, weil die Batterie von Mamas Wecker leer war und der Wecker nicht geklingelt hat).
- Aufstehen und aufs Klo gehen (*Licht* an im Bad). Also jede Lampe, die ich an so einem ollen, dunklen Tag wie heute einschalte, kann ich gar nicht aufschreiben, dann werde ich nie fertig. Das blaue „Licht" gilt jetzt für alle Lichtschalter, die ich heute anknipse.
- Hände mit warmen Wasser gewaschen, weil kaltes Wasser zu kalt ist. Halt: *Warmes Wasser* muss ja irgendwie warm werden. Für Tee kocht Mama Wasser im Warmwasserkocher (Stecker-Gerät), aber wieso kommt eigentlich im Bad aus dem Wasserhahn einfach so warmes Wasser? Mal Mama fragen.
- Alle schlafen noch. Klar: Wochenende. Hörspiel „Detektiv auf der Flucht" gehört. *CD-Player!*
- Genervt, weil immer noch alle schlafen. Mama und Mats geweckt. Mama sauer ins Bad abgedampft. Lass mich erst mal *duschen*. Da haben wir wieder das Bad-warmes-Wasser-Problem. Falscher Moment, um zu fragen.
- Vielleicht nach dem Kaffee. Wenn Mama sich Kaffee gemacht hat, wird sie immer gleich viel fröhlicher: *Kaffeemaschine!*
- Mama nach dem Kaffee wie erwartet wieder fröhlich und bereit, Fragen zu beantworten: Das warme Wasser wird bei uns mit einem *Durchlauferhitzer* warm gemacht. Der braucht auch Strom. Mama hat das *Radio*

angemacht und die Wettervorhersage gehört. Bei der Mordskälte können wir auch im April noch mit dem Schneeanzug vor die Tür gehen, hat sie gemeckert und die Heizung höher gestellt. Heizung? Kein Stecker dran. Da kommt die Wärme aus der Wand. Motor mit Benzinantrieb? Wohl kaum, macht ja keinen Krach. Wie soll ich das denn jetzt aufschreiben? Mama sagt, damit unsere Heizung warm wird, wird Gas verbrannt, und ich soll *Heizung* auch blau schreiben. Sogar besonders blau, weil Heizung besonders viel Energie braucht. Besonders blau hab ich aber nicht.

• Müsli zum Frühstück. Mit Milch (aus dem *Kühlschrank*).

• Mit dem *Handy* (hat einen Akku, und ein Akku ist auch eine Batterie, nur zum Aufladen) Opa angerufen und gefragt, ob er Zeit und Lust hat, uns zu sehen. (Hat er.)

• Mama bringt Mats und mich zu Opa (*Bus*: Motor) und nachher bringt Opa uns mit dem *Auto* (auch Motor) zurück.

• Ich hab das Heft vergessen zu Opa mitzunehmen, und jetzt hab ich keine Lust mehr, alles Stromige nachzutragen, was wir bei Opa benutzt haben.

• Ich schreib jetzt heimlich im Bett (*Taschenlampe* – Batterie), weil Mama gesagt hat, nach dem Abendessen (*Herd*) und noch ein bisschen *Fernsehen* ist Schluss, auch am Wochenende. Fernsehen gab's dann aber gar nicht, weil Mats auf sein blödes, *blinkendes Laserschwert* getreten ist und einen Heulanfall gekriegt hat, weil's kaputt gegangen ist. Und da hat Mama die Nerven verloren und gemeint, wir gehen jetzt alle ins Bett. Sie auch. Wir würden sie in den Wahnsinn treiben. Sie putzt sich gerade mit der *Elektrozahnbürste* die Zähne. Ich wette, sie guckt gleich heimlich doch noch Fernsehen oder macht ein *Computerspiel*. Typisch Erwachsene!

• Bin noch mal rüber geschlichen, weil ich gehört habe, wie Mama geflucht hat. Ich hab gedacht, sie hat beim Computerspielen Mist gebaut, aber das war's nicht. Sie hat nur das *Bügeleisen* rausgeholt, um ihre Büro-Hose für morgen zu bügeln – und da hatte sie wohl keine Lust drauf. Da bin ich lieber heimlich schnell ins Bett zurückgeschlichen.

Simon, 9 Jahre

Wofür brauchen wir Bodenschätze?

So wie Simon benutzen die Menschen vor allem der reichen Welt, zu der Deutschland gehört, ganz selbstverständlich viele Geräte, Autos, Heizungen und so weiter. Klar: Wir sind daran gewöhnt und denken meist gar nicht darüber nach. Müssten wir ja auch nicht, wenn nicht die Folgen für die Umwelt und das Klima so schädlich wären.

Denn für die Strom- und Wärmeerzeugung und zum Betreiben von Motoren greifen wir auf die sogenannten fossilen (das heißt auf Deutsch: ausgegrabenen) Brennstoffe Erdöl, Kohle und Gas zu. Die haben sich im Verlauf der Millionen von Jahren Erdgeschichte gebildet und liegen als Schätze unter der Erde und auf dem Meeresgrund. Von dort holen Menschen sie mit Hilfe von riesigen Bohrtürmen und Förderanlagen hoch und transportieren sie durch die ganze Welt, um sie zu benutzen.

Bei der Benutzung bzw. Verbrennung passiert aber leider nebenbei etwas Unerwünschtes: Es wird viel vom Treibhausgas Kohlendioxid freigesetzt. Und das landet in der Atmosphäre, verstärkt den Treibhauseffekt und erwärmt so die Erde.

Fossile Brennstoffe

Fossile Brennstoffe sind Überreste von Pflanzen. Normalerweise zerfallen Pflanzen nach ihrem Absterben, werden total zersetzt und geben die in ihnen enthaltene Energie an die Atmosphäre ab. Pflanzenreste, die aber vor ihrer Zersetzung in den Boden eingeschlossen werden, werden über Millionen von Jahren zu Kohle, Erdöl oder Erdgas. Die Sonnenenergie, die in den Pflanzen steckte, bleibt so über die lange Zeit erhalten.
Kohle: Pflanzen sanken in Sumpfgebieten ab und verrotteten deshalb nicht. Durch Druck entstand daraus erst Torf, später Braunkohle (weiche Kohle) und dann (harte) Steinkohle.
Erdöl: Entsteht im Grunde wie Kohle. Nur dass die Pflanzen, aus denen es gepresst wurde, Plankton, also mikroskopisch kleine Meerespflanzen, sind.
Erdgas: Entsteht wie Erdöl aus Plankton.

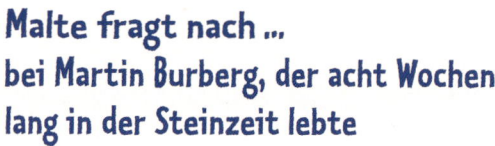

Malte fragt nach ...
bei Martin Burberg, der acht Wochen lang in der Steinzeit lebte

◉ Du und deine Familie, ihr habt an einem Experiment teilgenommen und wochenlang wie in der Steinzeit gelebt. War das schwieriger oder leichter, als ihr dachtet? Warum habt ihr mitgemacht?

Mitgemacht haben wir, weil uns das einfache, archaische Leben schon immer interessiert hat. Wir Erwachsene fanden es schwieriger, als vorher gedacht. Denn wir wurden mit Problemen konfrontiert, bei denen uns selbst die „Experten" nicht helfen konnten, deren Wissen oft nur theoretisch ist. Für die Kinder ist es eigentlich immer da okay, wo die Eltern und andere Kinder sind. Das Sippenleben ist ihnen am nachdrücklichsten in Erinnerung.

◉ Wie läuft denn ein Leben ohne Strom?

Alles dauert länger als zu Hause, vor allem Korn mahlen und Kochen. Abends muss man wissen, wo die Schlaffelle liegen, man sollte also vorher unbedingt so aufräumen, dass es jeder findet. Es wird in der Hütte früh dunkel. Das – und die Kälte und Nässe – führte aber auch dazu, dass alle gleichzeitig ins Bett gegangen sind. Es wurden viel mehr Geschichten erzählt, was vor allem die Kids unglaublich genossen haben.

◉ Es hat mehr geregnet, als ihr dachtet. Wie habt ihr euch gegen ständig kühle Nässe geschützt?

Man musste sich daran gewöhnen. Nach drei Wochen kalter, nasser Füße merkt man es nicht mehr so. Abends haben wir uns warme Steine aus dem Feuer mit ins Bett genommen, es hat ungefähr eine Stunde gedauert, bis die Füße einigermaßen warm wurden. Trotzdem ist niemand krank geworden!

⊘ Bist du froh, heute zu leben, oder war die Steinzeit die entspannendere Phase in der Menschengeschichte?

Ich bin froh, heute zu leben, obwohl ich die Steinzeit oft vermisse. Wir hatten zwar den ganzen Tag zu tun, haben das aber nicht als stressig empfunden, wie es in der Jetztzeit manchmal ist. Es gab einfach andere Schwierigkeiten.

⊘ Wie und was habt ihr gegessen?

Es gab wirklich nur das, was die Menschen in der Jungsteinzeit auch gegessen haben: zu 80 Prozent Getreide. Außerdem Hülsenfrüchte, Leinsamen und Mohn, Rübchen (Urkohl) und Wildgemüse. In der Nähe haben wir uns Fallobst besorgt. Und ganz wichtig: jeden Tag Milch von unseren Kühen und Ziegen. Einmal haben wir ein Schwein geschlachtet und zum Ende hin gab es ein Reh.
Die Kinder haben ihre Umgebung eingeteilt in essbar und nicht essbar. Sie haben wirklich alles, was es gab, mit Heißhunger gefuttert, sogar Linsen- und Erbsensuppe oder Brennnesselsalat. Einmal sind sie los und kamen mit Flusskrebsen aus dem „Stillen Bach" in der Nähe zurück. Die haben sie sich dann gekocht und gegessen.

⊘ Lebst du nun bewusster? Umweltfreundlicher?

Ich habe vorher schon versucht, bewusst und umweltfreundlich zu leben. Mein Respekt unseren Vorfahren gegenüber ist enorm gestiegen. Die Menschen waren schon immer findig und flexibel, deshalb haben sie bisher überlebt. Mir ist die Erfahrung sehr wichtig, mit wie wenig man leben kann.

So wird Strom in einem Kohlekraftwerk erzeugt

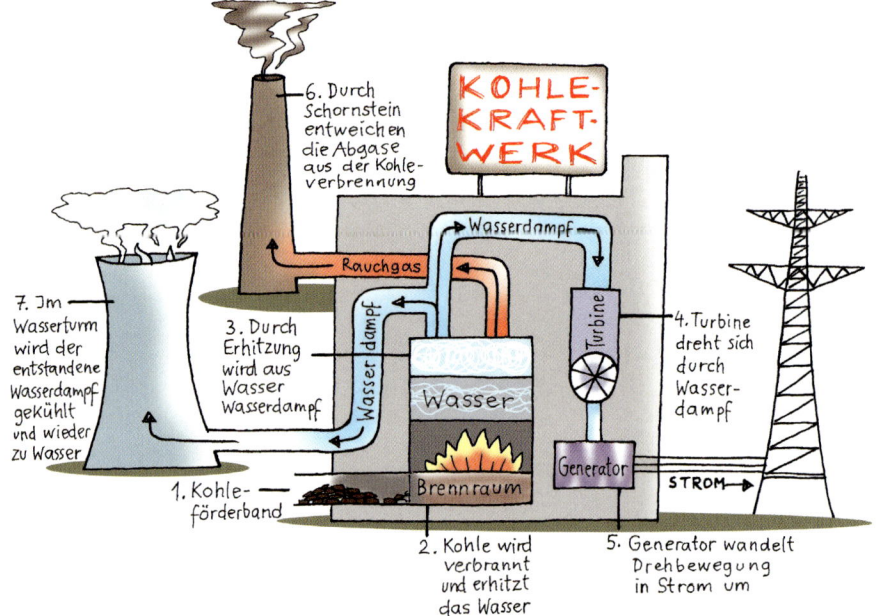

Woher kommt der viele Kohlenstoff?

Unsere Energielieferanten sind also nichts anderes als Überreste von abgestorbenen Pflanzen.

Jede Pflanze aber trägt eine gewisse Menge Kohlenstoff in sich. Das gilt besonders auch für die fossilen Brennstoffe, also konzentrierte, zusammengepresste Pflanzen: Die enthalten sogar besonders viel Kohlenstoff. Wenn Kohle, Öl oder Gas aber verbrannt werden, um ihre geballte Energie zu nutzen, wird der Kohlenstoff wieder frei und verbindet sich in der Luft mit Sauerstoff zum Treibhausgas Kohlendioxid.

Pflanzenfabrik – die Fotosynthese

Alle lebenden Pflanzen wandeln Wasser und Kohlenstoff aus der Luft mit Hilfe von Sonnenenergie in Zucker um. Den Zucker brauchen sie zum Wachsen. Das nennt man übrigens Fotosynthese.
Bei diesem Umwandlungsvorgang setzen die Pflanzen unter anderem Sauerstoff frei, den wiederum Tiere und wir Menschen zum Leben brauchen.

Wo landet der ganze Kohlenstoff?

Jede abgestorbene Pflanze gibt ihren Kohlenstoff an die Luft ab. Ein Teil wird wieder von Pflanzen aufgenommen, zum Beispiel in den riesigen Regenwäldern oder durch das pflanzliche Plankton der Ozeane. Ein Teil landet nach langer Zeit in der Atmosphäre.

Wenn der Kohlenstoffkreislauf der Erde im Gleichgewicht wäre, würde sich die Menge Kohlendioxid in der Atmosphäre nicht besonders stark ändern. Durch das Verbrennen der fossilen Brennstoffe werden aber heutzutage in rasant schneller Geschwindigkeit viel größere Mengen von Kohlenstoff freigesetzt, als durch Pflanzen wieder gebunden werden können. Deshalb kommt es zu mehr Einlagerung von Kohlendioxid in die Atmosphäre.

Wie wirkt sich die Umweltverschmutzung aus?

Die Menschen setzen aber nicht nur mehr Kohlenstoff frei, sondern bewirken zusätzlich noch, dass die Natur weniger davon aufnehmen kann als früher. Das geschieht durch Umweltverschmutzung und Raubbau an der Natur.

Im Kapitel zum Wasser war schon die Rede vom Rückgang des Planktons durch die Verschmutzung der Meere. Auch das Abholzen und Niederbrennen des Regenwaldes mindert die pflanzliche Kohlenstoffaufnahme erheblich.

> **Regenwald**
> Tropischen Regenwald gibt es vor allem in Süd- und Mittelamerika, in Afrika und in Südasien beidseitig des Äquators (siehe Seite 14 u. 15).

Ist die grüne Lunge der Welt in Gefahr?

In den Tropen wachsen unvorstellbar riesige Wälder, die größer sind als viele europäische Länder. Sie werden Regenwälder genannt und bieten (neben den Korallenriffen) mehr Tierarten eine Heimat als irgendein anderer Lebensraum der Welt.

Doch die großen Waldflächen sind in Gefahr und werden täglich kleiner. Und zwar durch das Eingreifen der Menschen, die die Bäume aus den verschiedensten Gründen abholzen oder abbrennen.

Viele Menschen brauchen einfach etwas Land, um Feldfrüchte anzubauen, damit sie mit ihren Familien überleben können.

Andere vernichten riesige Waldflächen, um beispielsweise Sojabohnen anzupflanzen oder große Viehherden zu halten und damit Handel zu treiben. Firmen sind hinter Bodenschätzen her und roden den Wald, um zum Beispiel nach kostbaren Metallen zu schürfen. Auch das wertvolle Holz vieler Bäume wird verkauft und weiterverarbeitet.

Warum muss der Regenwald erhalten bleiben?

Es gibt unendlich viele Gründe, warum es wichtig ist, dass der Regenwald erhalten bleibt. Denk nur an all die Tierarten, die es dort gibt. Hier interessieren uns aber vor allem die Gründe, bei denen es um den Schutz des Klimas geht.

Die riesigen Waldflächen mit üppigem Pflanzenbewuchs binden jede Menge Kohlenstoff und setzen Sauerstoff frei. Das ist, wie du gelesen hast, wichtig, damit das CO_2 nicht als Treibhausgas in der Atmosphäre landet. Wenn gleich wieder neue Bäume gepflanzt würden, könnten die nachwachsenden Pflanzen über die Jahre einen Ausgleich schaffen. Meist ist das aber nicht der Fall.

Ist Kohlendioxid an allem schuld?

Bisher war der Einfachheit halber immer von Kohlendioxid die Rede, als ob es das einzige Treibhausgas wäre. Das stimmt aber gar nicht. Es ist nur so wichtig in der Diskussion, weil es über die Hälfte des vom Menschen gemachten Treibhauseffekts verursacht. Am natürlichen Treibhauseffekt hat es gerade mal ein Fünftel Anteil. Da ist ein ganz anderes Treibhausgas wichtig: der Wasserdampf, der durch den Wasserkreislauf in die Atmosphäre gelangt. Wasserdampf spielt aber wiederum beim vom Menschen gemachten Treibhauseffekt eine nicht so große Rolle.

Was haben Müllhalden, auftauende Böden und pupsende Kühe gemeinsam?

Neben Kohlendioxid beschleunigt vor allem das eklig stinkende Gas Methan den Klimawandel. Es kommt seltener vor als Kohlendioxid, ist aber in seiner Treibhauswirkung viel stärker. Viel Methan wird durch den massenweisen Müll freigesetzt, der in den Mülldeponien der Industrieländer vergraben ist. Auch durch den auftauenden Permafrostboden (siehe S. 37) und durch pupsende Kühe wird Methan produziert. Genau genommen durch den Verdauungsvorgang bei allen wiederkäuenden Tieren.

Rinder sind in diesem Zusammenhang deshalb von so großer Bedeutung, weil die Menschen heutzutage so viel Rindfleisch essen. Weit über eine Milliarde Rinder werden weltweit gehalten. Die Riesenrinderherden auf der ganzen Welt pupsen eine ganze Menge Methan zusammen. Ganz davon abgesehen verbraucht Tierhaltung Unmengen an Energie und ist für große Mengen des Kohlendioxidausstoßes verantwortlich. Durch Viehhaltung und Düngung des Bodens und auch wieder in Kraftwerken wird zusätzlich ein weiteres Treibhausgas, nämlich Lachgas, freigesetzt.

Esst weniger Fleisch!

Der Chef des UNO-Weltklimarates und Nobelpreisträger Dr. Rajendra Pachauri ruft die Menschen immer wieder dazu auf, weniger Fleisch zu essen, weil die Nutztierhaltung für fast ein Fünftel des weltweiten Treibhausgas-Ausstoßes verantwortlich ist.

Woher kommt der große Energiehunger?

Schon immer haben die Menschen Energie gebraucht. Jedes Holzfeuer der Neandertaler hat schon Kohlendioxid freigesetzt. Nämlich genau das, was im Feuerholz eingeschlossen war. Noch nie aber war der Energiehunger der Menschheit so groß wie heute. Das liegt einerseits daran, dass die Menschen immer mehr werden. Mehr Menschen – egal in welcher Zeit – verbrauchen natürlich mehr Energie.

Wie war das mit dem Energiehunger früher?

Zum starken Bevölkerungswachstum der Neuzeit kommt hinzu, dass jeder einzelne moderne Mensch durch seinen Gebrauch der Technik viel mehr Energie verbraucht als zum Beispiel der Mensch, der vor 300 Jahren gelebt hat. Es gab damals keine Autos, keine Elektrizitätswerke, keine Riesenfabriken zur Produktion von Alltagsgegenständen. Statt Autos und Traktoren gab es Ochsenkarren, Pferde zogen landwirtschaftliches Gerät und Kutschen. Man reiste auch nicht so viel und weit wie heute. Eisenbahnen und Flugzeuge waren noch gar nicht erfunden.

Wie lebten die Leute damals?

Viele Arbeiten, die heute strombetriebene Maschinen leisten, wurden – oft mühevoll – von Hand erledigt. Zum Beispiel das Waschen der Kleidung. Die Leute zogen aber nicht jeden Tag ein frisches T-Shirt an. Die Wäsche wurde getragen, bis sie wirklich dreckig war, und es gab Tricks: Zum Beispiel Hemdkragen zum Abknöpfen. Da musste man nur den kleinen Kragen waschen und nicht gleich das ganze Hemd.

Nur am Samstag war Badetag. Duschen oder tägliches Baden gab's nicht. Das Material Plastik auch nicht. Es gab Schüsseln aus Ton statt aus Plastik. Und anstelle von Plastiktüten Weidenkörbe zum Transport. Statt Playmobil und Lego spielten die Kinder z. B. mit aus Holz geschnitzten Männchen.

Umdenken – aber wie?

Das sind ein paar Beispiele, die lediglich zeigen sollen, wie groß im reichen, industrialisierten Teil der Welt der Unterschied im täglichen Leben zwischen heute und früher ist. Immer schon setzten die Menschen ihren Erfindungsgeist dazu ein, sich schwere Arbeit zu erleichtern und das Leben angenehmer zu machen. Keiner wünscht sich das Waschen von Hand und ein Leben ohne Zentralheizung zurück. Die Zeit und mit ihr die technische Entwicklung lässt sich nicht zurückdrehen. Das ist auch gut so. Aber der moderne Wissensstand darüber, was mit dem Klima passiert, wenn wir so weiter machen wie bisher, sollte die Menschen zum Nachdenken und Austüfteln von Gegenmaßnahmen bringen.

6. Was machen die Politiker?

Warum wir alle zusammenhalten müssen und was der Weltklimarat rät, was im Kyoto-Protokoll steht und wie es weitergeht

Klimagerechtigkeit – was bedeutet das?

Bist du schon mal für etwas mitbestraft worden, das du gar nicht gemacht hast? Zum Beispiel mit einer Woche Süßigkeitsverbot belegt worden, obwohl dein Bruder die Schokolade heimlich genommen und aufgefuttert hat? Dann hast du dich doch schrecklich ungerecht behandelt gefühlt, oder?

Beim Klimawandel, der ja die ganze Erde betrifft, gibt es auch eine zum Himmel schreiende Ungerechtigkeit. Vom großen Energieverbrauch *der* Menschen zu sprechen, ist eigentlich falsch. Richtig ist, vom Energieverbrauch des reichen Teils der Menschheit zu reden. In vielen ärmeren Teilen der Erde verbrauchen die Menschen nämlich auch heute noch wenig Energie. Deshalb tragen sie bis heute wenig oder nichts zur Verschlechterung des Weltklimas bei.

Anders ist das bei den reichen Ländern: Ihr Reichtum und das bequeme Leben ihrer Bewohner gründen auf dem verschwenderischen Umgang mit fossilen Brennstoffen früher und heute. Von den bald sieben Milliarden Menschen auf der ganzen Welt haben aber bis heute ungefähr zwei Milliarden gar keinen Zugang zu modernen Energieformen und tragen deshalb nicht zur Erderwärmung bei. Der Klimawandel bedroht sie aber dennoch durch Dürre, Überschwemmungen und andere Katastrophen. Sie leben vielfach sogar in den Gegenden der Welt, die unter den Klimaänderungen und deren Folgen mehr leiden werden als die Menschen aus den reichen Ländern.

Das ist ungerecht, oder?

Was kann die Weltgemeinschaft tun?

Ungerecht – das finden die armen Länder auch. Und sie finden zu Recht, dass die reichen Länder in der Pflicht sind, etwas zu unternehmen.

Es gibt aber nicht nur arme und reiche Länder, sondern auch ehemals arme Länder, die gerade dabei sind, reicher zu werden. Für diese Länder gibt es einen Namen: Schwellenländer. China und Indien gehören dazu: beides Länder mit riesig großer Bevölkerung. Und du kannst dir vorstellen, dass die Menschen dort jetzt auch all das genießen möchten, was für uns schon lange selbstverständlich ist. Zum Beispiel Auto fahren und mit dem Flugzeug reisen. All die modernen Produkte besitzen und benutzen, die uns das Leben schon so lange bequem machen. Und wer wollte es den Schwellenländern auch verbieten?

Wenn aber noch zusätzlich zu unserem enormen Kohlendioxidausstoß der der Schwellenländer dazukommt – was passiert dann mit dem Klima? Das leidet ja schon, wenn „nur" wir weitermachen wie bisher. Wie wird die Erderwärmung voranschreiten, wenn immer mehr Menschen viel Energie verbrauchen? Und was kann die Weltgemeinschaft tun? Was muss jeder einzelne Staat tun? Und was ist überhaupt möglich? Das sind Fragen, mit denen sich die ganze Weltgemeinschaft jetzt und in Zukunft auseinandersetzen muss. Denn alle leben nun mal gemeinsam auf dem unersetzlichen Planeten Erde.

Die UNO – was ist das?

Es gibt eine politische Organisation, in der alle Länder der Welt vertreten sind. Das ist die UN, auch UNO genannt. UNO ist eine Abkürzung für den englischen Begriff United Nations Organization. Auf Deutsch: Vereinte Nationen.

> **Aufgaben der UN**
>
> Die Aufgaben der UN sind unter anderem:
> - die Sicherung des Weltfriedens
> - der Schutz der Menschenrechte
> - die Förderung der internationalen Zusammenarbeit

Und was macht die UNO?

Wenn es wie beim Klimaschutz um Themen geht, die die ganze Weltgemeinschaft betreffen, dann ist das eine Aufgabe für die UN. Deshalb wurde von der Unterorganisation der UN, die sich mit Umweltfragen befasst, und der Weltorganisation für Meteorologie (Wetter- und Klimakunde) 1988 der IPCC gegründet. Das ist eine englische Abkürzung. Im Deutschen wird dieser Zusammenschluss aus Wissenschaftlern aus der ganzen Welt meist als Weltklimarat bezeichnet.

Die Wissenschaftler des Weltklimarats forschen allerdings nicht selbst, sondern haben die Aufgabe, die Forschung zum Klimawandel zusammenzutragen, auszuwerten, die Folgen für Mensch und Natur einzuschätzen und zu überlegen was zu tun ist.

Bestimmt der Weltklimarat, wie es weitergeht?

Der Weltklimarat ist keine Weltregierung. Deshalb kann er auch nicht bestimmen, dass etwas und was genau zu geschehen hat, um die Erderwärmung zu stoppen. Das müssen die Regierungen der Welt mit ihren Politikern tun. Was bedeutet, dass sie sich gemeinsam Ziele überlegen und in ihrem jeweiligen Land in Politik umsetzen müssen.

Das ist gar nicht so leicht bei 192 Ländern. Wenn du daran denkst, wie schwer es schon ist, wenn zum Beispiel eine Familie mit vier Mitgliedern einen Sonntag plant: Der eine will zu Hause bleiben, der andere will in den Zoo, der dritte will Fahrrad fahren und der vierte weiß nicht so genau, was er will, und schließt sich deshalb dem an, der ihm eine Süßigkeit für seine Stimme verspricht. Jetzt stell dir mal vor, dass sich Politiker aus ganz unterschiedlichen Ländern der Erde, mit ganz unterschiedlichen Interessen auf gemeinsame Ziele einigen müssen. Das ist mühsam und geht nur sehr langsam voran.

**Malte fragt nach ...
beim Klimaforscher Mojib Latif**

➲ Deutschland ist angeblich eines der führenden Länder, was den Klimaschutz angeht – stimmt das?

Wir sind weit hinter unseren ursprünglichen Zielen zurückgeblieben. Deutschland ist bestenfalls der Einäugige unter den Blinden.

➲ Wird in der Politik zu viel geredet und zu langsam gehandelt?

Ja, absolut! Deswegen gibt es vor allem „gefühlten" Klimaschutz.

➲ Wenn der Staat sparen muss, heißt das auch, dass wichtige Umweltschutzprogramme gebremst oder gekürzt werden?

Ja. Man kann jedoch mit der Physik keine Kompromisse schließen.

➲ Sind wir in den reicheren Ländern verpflichtet, auch im Sinne der ärmeren zu handeln?

Selbstverständlich! Der Ausstoß klimaschädlicher Gase bei uns wirkt sich weltweit aus.

◉ **Trotz heftiger Regengüsse soll das Trinkwasser z. B. in Südeuropa knapper werden – stimmt das?**
Ja. Denn das Azorenhoch wird sich verstärken und ausdehnen, wodurch insgesamt weniger Niederschläge fallen.

◉ **Muss man ständig ein schlechtes Gewissen haben gegenüber unserer Umwelt? Wie leben Sie selbst?**
Nein. Vernunft ist gefragt. Meine persönliche CO_2-Bilanz ist verheerend, weil ich so viel unterwegs bin. Ich versuche trotzdem mit gutem Beispiel voranzugehen. So habe ich mein eigenes Tempolimit: Auf der Autobahn gilt für mich Tempo 100.

Ziehen jetzt alle an einem Strang?

Das Wissen über den Einfluss der Menschen auf den Klimawandel setzt sich weltweit durch, und es wächst die Einsicht, dass alle zusammen etwas gegen die Erderwärmung unternehmen müssen.

Aber zum einen wollen nicht alle mit gleicher Kraft mitarbeiten. Bis vor kurzem haben sich zum Beispiel die USA geweigert, bei der Minderung des Treibhausgasausstoßes mitzumachen, obwohl sie fast ein Viertel des weltweiten Ausstoßes verursachen. Zum anderen sind die Wege umstritten, wie eine Verbesserung der Klimasituation am besten erreicht werden kann, und es fehlt vielerorts entweder an Geld für notwenige Maßnahmen oder am Willen, das Geld in den Klimaschutz zu stecken. Es hat sich aber mittlerweile wohl weltweit die Erkenntnis durchgesetzt, dass die bisherige „Strategie", nämlich so weiterzumachen, als wenn nichts wäre, nicht aufgeht.

Anpassen oder vermindern?

Du hast bestimmt verstanden: Nichts zu tun, wäre schlecht für uns alle. Dann bleiben uns noch zwei Möglichkeiten mit der Erderwärmung umzugehen. Erstens können wir anfangen, viel weniger CO_2 in unsere Atmosphäre zu „pusten". Zweitens müssen wir lernen, mit den Folgen des wärmeren Klimas zu leben und vorbereitet sein. Zum Beispiel auf starke Stürme. Ein Beispiel dafür wäre ein Ausbau der Schutzmaßnahmen gegen Hurrikane in den betroffenen Gebieten. Die Verhinderungsstrategie ist natürlich langfristig wirkungsvoller und auch gerechter, da sich reiche Länder und Regionen Schutzmaßnahmen leisten können, arme aber nicht. Aber natürlich ist Anpassung an die neuen Gegebenheiten in den von den Klimaveränderungen betroffenen Gebieten grundsätzlich etwas Gutes, da sie das Leben dort schützt.

Alles nur Absichtserklärungen?

1992 zeigte die Weltgemeinschaft erstmals, dass sie die Bedrohung durch den Klimawandel wahrgenommen hat. In Rio de Janeiro unterschrieben 166 Staaten auf einer Klimakonferenz eine Vereinbarung. Diese Vereinbarung ist eine Absichtserklärung, die Treibhausgaskonzentration in der Atmosphäre so zu begrenzen, dass keine gefährliche Störung des Klimasystems eintritt.

Wie alle Absichtserklärungen muss sie auch in Handeln umgesetzt werden, um etwas zu bewirken. Wenn du zum Beispiel versprichst, in Zukunft abends dein Zimmer aufzuräumen, werden deine Eltern mit Sicherheit finden, dass deine Absichtserklärung eine Supersache ist. Damit richtige Begeisterung aufkommt, musst du die Idee aber noch in die Tat umsetzen. Das heißt, tatsächlich abends vor dem Schlafengehen aufräumen. Und das nicht nur ein- oder zweimal, sondern regelmäßig.

Absichtserklärung von Rio

Die Erklärung von Rio de Janeiro ist als „Klimarahmen-Konvention" in die Geschichte des weltweiten Kampfes gegen den Klimawandel eingegangen. Eine Konvention ist ein völkerrechtlicher Vertrag, eine Vereinbarung, ein Übereinkommen zwischen verschiedenen Staaten.

Und was passiert dann?

Die Klimakonferenz von Rio war eine wichtige Voraussetzung dafür, dass etwas fürs Weltklima getan wird – eine Absichtserklärung eben. Danach war und ist es das Wichtigste, Regeln für den Treibhausgas-Ausstoß zu finden und aufzustellen, denen jedes einzelne Land der Weltgemeinschaft oder zumindest so viele wie möglich zustimmen. Denn nur, wenn viele Länder mitmachen, kann etwas erreicht werden.

Deswegen gab und gibt es zahlreiche Konferenzen, Gespräche zwischen Politikern einzelner Länder und Ländergruppen. Die sind auch nötig, weil das Finden gerechter Regeln, die auch die meisten gut finden, lange Diskussionen erfordert. Denn, wie du oben schon gelesen hast, gehen die unterschiedlichen Länder mit unterschiedlichen Voraussetzungen und Wünschen in diese Gesprächsrunden. Keiner sagt einfach: „Klar, wir vermindern unseren Treibhausgas-Ausstoß bis 2012 um mehr als die Hälfte", sondern alle Länder wollen wissen, wie viel denn die anderen machen wollen (und können).

Das ist wieder wie bei den Familienregeln zum Aufräumen. Wenn du Geschwister hast, wirst du großen Wert darauf legen, dass die Aufräumregeln gerecht sind und du nicht den Kram von deinem

Bruder oder deiner Schwester mit wegräumen musst. Der andere soll auf jeden Fall genauso viel wegräumen wie du.

Und was ist schon passiert?

So geht's auch bei den internationalen Verhandlungen zur Klimapolitik zu, nur dass das alles viel komplizierter ist als in einer Familie. Jeder Staat sieht vor allem seine Situation und will seine Interessen durchsetzen.

Trotz all der Schwierigkeiten wurden 1997 Absprachen getroffen, die im sogenannten Kyoto-Protokoll festgehalten wurden. Allerdings trat das Abkommen erst 2005 mit der Unterzeichnung Russlands in Kraft. Die europäischen Staaten mit Deutschland gaben 2002 ihre verbindliche Zustimmung.

Amerika hat als weltweit größter Verursacher von Treibhausgasen gar nicht unterzeichnet. Die Regierung, die in den USA damals gerade an die Macht kam, wollte auf keinen Fall eventuelle wirtschaftliche Nachteile für Amerika in Kauf nehmen. Mittlerweile hat Amerika unter einer neuen Regierung die völlige Verweigerungshaltung zum Klimaschutz glücklicherweise aufgegeben.

Protokolle

In einem Protokoll wird etwas mündlich Besprochenes schriftlich festgehalten. Beim Kyoto-Protokoll ist es das Ergebnis der internationalen Klimakonferenz, die 1997 in der japanischen Stadt Kyoto stattfand.

Was steht im Kyoto-Protokoll?

Bei der Klimakonferenz in Japan mit Abgesandten aus aller Herren Länder sollte die Absichtserklärung von Rio in tatsächliche Politik umgesetzt werden. Die komplizierten Verhandlungen führten schließlich zu einer internationalen Übereinkunft zur Minderung des Ausstoßes von Treibhausgas: Die Industrienationen verpflichten sich darin, ihren Treibhausgas-Ausstoß in den Jahren 2008 bis 2012 um durchschnittlich 5,2 Prozent gegenüber dem Stand von 1990 zu vermindern.

Über den Zeitraum ab 2013 wurde auf dem Weltklimagipfel im Dezember 2009 in Kopenhagen verhandelt. Im Kyoto-Protokoll wurden für die einzelnen Industrieländer Verpflichtungen festgelegt, damit alle zusammen die angestrebten 5,2 Prozent Verminderung erreichen können.

Darf man mit dem Klima handeln?

Damit das Gesamtziel von 5,2 Prozent erreicht wird, dürfen einige Länder ihren Ausstoß unverändert lassen, andere müssen ihn mehr oder weniger stark senken, einige dürfen ihn sogar steigern. Für jedes Land wurde eine Verpflichtung zur Verminderung oder Erlaubnis zur Steigerung in Prozent festgelegt.

Mit Blick auf diese Zahlen erlaubt der Vertrag den Ländern, untereinander Handel mit Treibhausgas-Emissionen zu treiben, da das Wichtigste ja das Erreichen des gesamten Zieles ist. Wenn ein Land zum Beispiel seinen Ausstoß von Treibhausgasen um sechs Prozent steigern darf, aber nur drei Prozent Steigerung braucht, darf es die übrigen drei Prozent an ein Land verkaufen, das sie brauchen kann. Zum Beispiel, weil es sechs Prozent vermindern muss, aber nur drei schafft. Fürs Klima bleibt das Ergebnis dasselbe, in diesem ausgedachten Rechenbeispiel eine Verminderung des Treibhausgas-Ausstoßes um ein Prozent. In der Sprache des Kyoto-Protokolls heißt dieses Vorgehen Emissionshandel.

Was kommt nach dem Kyoto-Protokoll?

Die Experten sind sich einig, dass die Vereinbarungen des Kyoto-Protokolls nur einen ersten und wackligen Schritt auf dem Weg zur Klimarettung bedeuten.

Denn das Protokoll bezieht nur die Industrienationen ein und kümmert sich nicht um den stark steigenden Treibhausgas-Ausstoß der armen und Schwellenländer. Und auch die Industrienationen werden ihre Verpflichtungen größtenteils nicht einhalten. Ganz davon abgesehen, dass die USA erst jetzt ins Klimaschutzboot einsteigen.

Dennoch war Kyoto ein erster Schritt auf dem richtigen Weg und Verhandlungen über neue Ziele der Weltgemeinschaft für den Klimaschutz ab 2012 laufen bereits. In Kopenhagen wurden Ende 2009 auch mit den USA neue Ziele besprochen: Z. B. die Halbierung der Emissionen bis 2050, um die Erwärmung der Erde auf zwei Grad gegenüber der Temperatur vor der Industrialisierung zu stoppen. Diese Ziele sehen die Schwellenländer, die nun auch an den Diskussionen teilnehmen, für sich aber als nicht erreichbar an.

Wofür können sich Politiker in ihren Ländern einsetzen?

Die Antworten auf diese Frage fallen je nach Land und politischen Überzeugungen so unterschiedlich aus, dass man sie gar nicht kurz auflisten kann. Es gibt aber Grundideen, die überall und immer wieder auftauchen in den Diskussionen und Beschlüssen. Vor allem geht es darum, klimafeindliche Technik (zum Beispiel benzinfressende Autos oder stromfressende Glühbirnen) gegen neue, klimafreundlichere Technik auszutauschen.

Vorfahrt für erneuerbare Energie

In Deutschland gibt es ein Gesetz, nach dem Energieformen, die das Klima nicht belasten, also zum Beispiel Strom aus Sonnen-, Wind- und Wasserkraft und aus sogenannter Biomasse, vom Staat gefördert werden. Mit staatlicher Unterstützung soll bis 2020 knapp ein Drittel des gesamten Stroms in Deutschland aus solchen klimafreundlichen Energieformen kommen.

Wer bezahlt Forschung und Erprobung neuer Techniken?

Überall wird an moderner Technik geforscht, die weniger Energie für dieselbe Leistung braucht. Forschung und Aufbau dieser modernen Technik kosten aber erst mal Geld. Meistens viel Geld. Damit das kein Hindernisgrund ist, entscheiden Politiker über die finanzielle Unterstützung von (aus Klimasicht) vielversprechenden Projekten: Forschungsgelder aus Steuereinnahmen werden für die Arbeit an Ideen vergeben und Fördergelder helfen dabei, Projekte zu verwirklichen, die diese Ideen in die Tat umsetzen.

7. Wie sammelt man Sonne, und wie fängt man den Wind ein?

Was mit erneuerbaren Energien gemeint ist und wie man sie gewinnt, warum die wirkungsvollsten Windräder im Wasser stehen, und wie man Strom auf dem Acker anbaut

Was sind erneuerbare Energien?

Die Menschen brauchen jede Menge Energie. So viel steht fest. Energiegewinnung mit Hilfe fossiler Brennstoffe belastet das Klima. Zudem sind die Vorräte in nicht allzu ferner Zeit aufgebraucht. Das steht genauso fest. Wie gut also, dass es noch andere Möglichkeiten der Energiegewinnung gibt als die Ausnutzung von Kohle, Gas und Öl.

Am Himmel leuchtet ein riesiger Energiebringer: die Sonne. Deren Kraft erschöpft sich nicht. Die Menschen können sie mit moderner Technik nutzen. Den Wind haben die Menschen schon immer mit Windmühlen für sich nutzbar gemacht, um zum Beispiel Getreide zu mahlen. Heute setzen Windräder die Kraft des Windes in Strom um. Wenn du einmal von einer Welle oder der Strömung eines Baches mitgerissen wurdest, weißt du, wie viel Kraft in Wasser steckt. Auch diese Kraft kann zur Stromerzeugung genutzt werden.

Außerdem kann aus der Wärme der Erde und aus sogenannter Biomasse Energie gewonnen werden, zum Beispiel aus Pflanzenöl.

Alle diese Energien sind erneuerbar. Das heißt, sie stehen, ohne weniger zu werden, immer zur Verfügung und belasten das Klima nicht.

Warum werden erneuerbare Energien gesetzlich gefördert?

Noch liefern die erneuerbaren Energien nur einen recht kleinen Teil des gesamten Energiebedarfs in Deutschland. Aber die Steigerung dieses Anteils wird von den Regierungspolitikern vorangetrieben, die ihre der Weltgemeinschaft versprochenen Klimaziele erreichen wollen. Dafür gibt es sogar ein eigenes Gesetz. Es heißt Erneuerbare Energien-Gesetz, kurz EEG, und soll die nicht fossile Energiegewinnung fördern. Und selbst wenn jede einzelne der alternativen Energien und auch alle zusammen in nächster Zeit nicht ausreichen werden, um den Energiebedarf zu decken, so liegt doch im Ausbau der erneuerbaren Energien eine große Chance für die Bremsung der Erderwärmung durch Treibhausgase.

Sonne

Obwohl die Sonne ungefähr 150 Millionen Kilometer von der Erde entfernt ist, verdanken wir ihrer Energie das Leben auf unserem Planeten.

Wie sammelt man die Sonne?

Die Kraft der Sonne ist immer da, auch wenn wir sie gerade nicht sehen, weil ein trüber Himmel sie verdeckt. Und sie verbraucht sich nicht, es ist nicht morgen weniger Sonne da, weil wir heute etwas davon zur Stromerzeugung benutzt haben. Das ist ein unschlagbarer Vorteil gegenüber Kohle, Öl und Gas, deren Vorräte ja immer mehr schwinden.

Aber Sonne kann man nicht durch Verbrennen nutzen, wie zum Beispiel Kohle, man muss ihre Wärmeenergie einsammeln und dann in Strom umwandeln. Das geschieht mit Hilfe von Technik, die man Photovoltaik nennt. Am auffälligsten sind Sonnenkollektoren, also „Sonnensammler", vor allem auf Dächern, auf denen sie als große bläulich-schwarz schimmernde Platten angebracht sind. Aber Solarzellen sind auch in Taschenrechner eingebaut, und sorgen dafür, dass ohne zusätzliche Stromzufuhr durch Batteriestrom gerechnet werden kann. Du findest sie über Schildern am Rande der Straße, die zum Beispiel die freien Parkplätze in Städten anzeigen.

Es gibt mittlerweile sogar sonnenstrombetriebene Lampen fürs Kinderzimmer ohne Stecker für den Stromanschluss. Du stellst sie tagsüber zum „Sonne-Sammeln" auf die Fensterbank und kannst abends damit lesen.

Satelliten mit Solarzellen

Solartechnik (Solar bedeutet „die Sonne betreffend") wurde zunächst vor allem für die Raumfahrt entwickelt. 1958 kreiste der erste Satellit mit Solarzellen im Weltraum.

Und was ist, wenn keine Sonne scheint?

Wenn die Sonne nicht scheint, also nachts, kann man keine Sonnenenergie sammeln. Und wenn tagsüber der Himmel von Wolken bedeckt ist, kommt weniger Sonnenkraft hier an, deshalb kann dann auch nur weniger Sonnenenergie in Strom umgewandelt werden. Das gilt auch für den Winter: Im Sommer kann der Energiegewinn durch eine deutsche Solaranlage zum Beispiel fünfmal höher sein als im Winter.

Ein Land wie Deutschland mit vergleichsweise wenig Sonne kann Sonnenenergie also nur als zusätzliche Kraft verwenden. Allen Strom, den wir brauchen, können wir hier leider nicht aus Sonne erzeugen. Diese klimafreundliche Energieform muss mit anderen kombiniert werden.

Solarspielzeug

Wenn du Spaß am Experimentieren hast: Es gibt Spielzeug, zum Beispiel Autos, das mit Solarkraft betrieben wird, und Experimentierkästen zum Thema Sonnenenergie.

Malte fragt nach ...
bei der Energieexpertin Christine Wörlen

⊖ Wir müssen uns gründliche Gedanken machen über klimafreundliche Energiequellen. Strom durch Sonne klingt gut – wieso hat eigentlich nicht jeder Solarzellen auf dem Dach?

Immer mehr Menschen haben Solarstrommodule auf dem Dach. So können sie selbst Strom produzieren. Leider wird der Sonnenstrom meist nicht zur selben Zeit produziert, wie er im Haus gebraucht wird. Für den Strom gibt es daher das „Einspeisegesetz": Wer Strom produziert, kann ihn in das große Stromnetz für alle „einspeisen", also einfließen lassen. Später kann man sich den Strom dann bei Bedarf zurückholen, und insgesamt auch noch Geld verdienen.
Solarstrom versorgt aber in Deutschland selten ganze Häuser. Daher finde ich es am sinnvollsten, wenn man sich auch noch zwei bis drei Kollektoren aufs Dach baut für das Warmwasser. Wir brauchen ja schließlich nicht nur Strom, sondern – gerade im Winter – viel Wärme. Und warmes Wasser zum Heizen, Geschirr spülen, Duschen.

⊖ Ist das denn teurer, als das Wasser anders warm zu machen?
Die Anschaffung von solchen Kollektoren ist sicher nicht ganz billig. Für Freibäder zum Beispiel lohnt sich die Solarheizung fast immer sehr schnell. Für Häuser ist das schwieriger, weil man die Wärme vom Sommer zum Winter speichern muss. Aber für warmes Leitungswasser ist es eine gute Option.

⊖ In Spanien gibt es ein Solarkraftwerk, das einen ganzen Ort mit Strom versorgt. Wäre das auch hier denkbar?
Es gibt in Spanien einige Solarkraftwerke, und die produzieren zum Teil so viel Strom, dass rein rechnerisch kleine Orte komplett daraus versorgt werden können. Aber auch bei uns gibt es z. B. in Jülich einen Solarturm für Forschungszwecke. Etwa 2000 Spiegel lenken das

Sonnenlicht auf den Turm. Dadurch wird das so konzentriert, dass Luft auf 700 Grad aufgeheizt wird und Wasserdampf erzeugt, der eine stromerzeugende Turbine antreibt. So sind nur Sonne, Luft und Wasser beteiligt – sehr umweltfreundlich!

⊙ Und was ist, wenn sich Wolken vor die Sonne schieben?

Manche zweifeln an den erneuerbaren Energien, weil sie so vom Wetter abhängen. Es ist ja nicht immer windig oder sonnig. Aber man hat an der Uni Kassel ein Experiment gemacht, in dem Biogas-, Solar- und Windanlagen zusammengeschaltet wurden. Zusammen sind sie dann doch ausreichend regelbar. Um den gesamten Bedarf in Deutschland zu decken, brauchen wir aber noch viel mehr Biogas- und Windanlagen, zusätzliche Speicher – und auch mehr Stromnetze. Denn nur mit denen können die Anlagen miteinander und mit uns Verbrauchern verbunden werden.

⊙ Wie sieht die Zukunft der Solarenergie aus? Geht die Sonne irgendwann aus?

Ja, irgendwann schon, aber erst in vielen Milliarden Jahren. Übrigens gibt es Wind-, Wasser- und Biogasenergie auch nur dank der Sonne. Sie treibt den Wind an durch Temperaturunterschiede. Sie lässt Wasser im Meer verdunsten und dadurch regnen, fließen usw. Und nur durch Sonnenlicht können Pflanzen überhaupt wachsen. Die einzige Energiequelle, die unabhängig von der Sonne ist, heißt Erdwärme.

Zur Beruhigung: Sonne und Erdwärme bleiben länger als der Klimawandel, die Wirtschaftskrise oder andere große globale Probleme, die wir zur Zeit haben.

Was ist in Spanien anders als in Deutschland?

Andere Länder, wo es heißer ist, haben ganz andere Möglichkeiten, die Sonne zu nutzen als Deutschland. In Spanien gibt es zum Beispiel eine riesige Sonnenkraftanlage im extrem heißen Landesteil Andalusien. Hier wird in drei Kraftwerken auf einer Fläche von insgesamt ungefähr 780 Fußballfeldern die Sonnenkraft mit beweglichen, großen Spiegeln eingefangen und gebündelt. Sie erhitzt dann ein spezielles Öl, dessen Dampf eine Turbine zur Stromerzeugung antreibt.

Damit wir in Deutschland so erzeugten klimafreundlichen Strom nutzen könnten, wird an guten Möglichkeiten geforscht, Strom auch über weite Strecken zu transportieren. Wer weiß, vielleicht kommt Strom für Deutschland in Zukunft aus Nordafrika oder den südlichen europäischen Ländern.

Und bei uns zuhause?

In Wohnhäusern lässt sich Sonnenenergie aber selbst in Deutschland prima zum Erwärmen des Wassers nutzen. Im Sommer reicht die mit Sonnenkollektoren auf dem Dach gesammelte Wärme aus, um das Wasser auf bis zu sechzig Grad (das ist viel heißer, als du badest) zu erhitzen. Und das ohne Belastung des Klimas durch Treibhausgase.

Und wie ist das mit der Windkraft?

Windräder kennst vom Sehen: Immer mehr von ihnen stehen neben Autobahnen, auf Hügeln, an der Küste und so weiter. Jedes von ihnen ist eine große oder kleine Windkraftanlage zur Stromgewinnung. Auch Wind gehört zu den erneuerbaren Energien: Er wird nicht weniger, nur weil wir ihn zur Stromerzeugung nutzen.

Ein weiterer Vorteil: In Deutschland haben wir, zumindest in vielen Gebieten, eine Menge Wind. Deshalb ist Windenergie bei uns zurzeit auch der wichtigste Stromlieferant unter den erneuerbaren Energien. Die deutsche Regierung fördert Windstrom mit viel Geld und will vor allem die Windenergie vor den Küsten Deutschlands vorantreiben.

Sind Windräder im Meer sinnvoll?

Auf dem Meer weht der Wind stärker und auch viel dauerhafter als an Land, also sind Windräder dort noch wirkungsvoller. Geplant sind große Windanlagen von vielen Windrädern vor den Küsten in Nord- und Ostsee. Solche riesigen Windenergieanlagen werden Windparks genannt.

Allerdings muss beim Bau und beim Betrieb solcher Anlagen immer auch daran gedacht werden, die Meereslandschaft mit ihrer Tier- und Pflanzenwelt zu schützen. Aus diesem Grund sind Windkraftanlagen in über zwanzig Kilometer Entfernung von der Küste im Gespräch, um so die besonders schützenswerten Meeresgebiete nahe der Küste zu schonen. Das bedeutet aber, dass die Windräder dort stehen müssen, wo das Wasser schon sehr tief ist: Das macht den Bau sehr aufwändig und teuer. Zudem ist der Transport des Stroms aus Entfernungen von mindestens zwanzig Kilometern durchs Meer bis zur Küste nicht gerade einfach.

> **Zukunftsberufe für dich!**
> Vielleicht hast du ja Lust, als Erwachsener an solchen Problemen wie dem der besten Lösungen für Windkraftanlagen vor der Küste zu tüfteln. Insgesamt gibt es viel zu erforschen, in die Tat umzusetzen und zu beobachten, damit die klimafreundliche Technik von morgen funktioniert und mit dem Schutz der Umwelt in Einklang gebracht werden kann.

Wie macht man aus Wasser Strom?

Bist du schon mal an einem Stausee gewesen und, falls das erlaubt war, über die riesige Staumauer spaziert? An der einen Seite der

Mauer liegt ein großer See und an der anderen Seite braust meist Wasser sprudelnd durch eine Öffnung in der Mauer. Mit diesem fließenden Wasser kann eine Turbine zur Stromerzeugung angetrieben werden. Man staut das Wasser eines Flusses in einem Tal durch eine hohe Staumauer und lässt es dann gleichmäßig und kontrolliert durch Öffnungen in der Mauer abfließen, um Strom zu erzeugen. Auf diese Weise wird in Deutschland und in den wasserreichen Regionen der Welt schon lange Strom erzeugt.

Allerdings ist diese Art der Stromgewinnung zwar klimafreundlich, weil Wasser ein erneuerbarer Energieträger ist, stellt aber einen sehr großen, störenden Eingriff in die Natur dar. Der Lebensraum vieler Pflanzen und Tiere wird zerstört beziehungsweise stark verändert. Aus Umweltschutzgründen sind Staumauerprojekte also nicht dazu geeignet, der Energieträger der Zukunft zu sein.

Kann das Meer auch Strom liefern?

Das Meer mit Ebbe und Flut und mit seinen starken Wellen und Strömungen hat gewaltige Kräfte, die sich nie verbrauchen. Deshalb liegt die Idee nahe, auch diese erneuerbare Energiequelle zur Stromerzeugung einzusetzen. Gezeitenkraftwerke in Buchten nutzen die Meeresbewegung durch Ebbe und Flut, um Turbinen zur Stromerzeugung anzutreiben. Sie sind aber äußerst schädlich für die Lebensräume an der Küste, weil sie stark in den natürlichen Rhythmus von Ebbe und Flut eingreifen.

Es gibt auch schon einige wenige Wellenkraftwerke auf der Welt. Die funktionieren aber nur dort gut, wo es immerzu gleich bleibend große Wellen gibt. Forscher arbeiten daran, die schnell fließenden Meeresströmungen durch den Einsatz von Unterwasserturbinen zur Stromgewinnung nutzbar zu machen.

Lässt sich Strom auf dem Acker anbauen?

Man kann Strom, Kraftstoff für Fahrzeuge und Wärme auch aus Öl und Gas gewinnen, das sich nicht über die Jahrtausende gebildet hat wie die fossilen Energieträger, sondern hier und heute aus Pflanzen und anderen Grundstoffen gewonnen wird. Raps zum Beispiel ist so eine Pflanze.

Möglicherweise sind dir einmal große gelbe Felder aufgefallen, die ausgesprochen farbenfroh in der Landschaft liegen. Das sind blühende Rapsfelder, die immer häufiger werden, weil man aus ihren Samen ein Öl gewinnen kann, das sich zur Energie- und Kraftstoffgewinnung eignet. Auch mithilfe von Biogas lässt sich Strom erzeugen. Biogas wird zum Beispiel aus Gülle (also dem in der Landwirtschaft anfallenden Kot und Urin von Schweinen und Rindern), aber auch durch den beschleunigten Zerfall von Pflanzen in Biogasanlagen gewonnen.

Ist Biostrom die beste Lösung?

Strom aus Biomasse ist eine wichtige erneuerbare Energie für die Zukunft. Er bringt aber auch einige Probleme mit sich. Als in Deutschland beispielsweise die Preise für Raps stiegen, weil auf einmal viel mehr Leute Raps haben wollten als vorher, wäre der Strom aus Raps sehr teuer geworden. Also haben die Betreiber von Biogasanlagen billigere Pflanzen oder Rohstoffe aus anderen Ländern eingekauft, Palmöl zum Beispiel. Für die Anlage von Palmölplantagen wurde dann am anderen Ende der Welt Regenwald abgeholzt, was ja wieder das Klima schädigt.

So eine Vorgehensweise ist aus Klimasicht sinnlos und schadet der Bevölkerung weit entfernter, armer Länder. Es werden nämlich Pflanzen nach Deutschland und in andere Industrienationen verkauft und transportiert, die die Menschen vor Ort dringend als Nahrungsmittel bräuchten. Oft werden auch bestimmte Pflanzen, die zur Grundernährung des Landes gehören, von den Bauern nicht mehr angepflanzt, weil sie für Pflanzen zur Energiegewinnung mehr Geld bekommen können. Das kann zu Versorgungsknappheit und Hunger führen.

Erdwärme

In vulkanischen Gebieten kann man die Wärme aus der Erde nutzen, um Gebäude und Wasser zu wärmen und sogar, um Strom zu erzeugen. In Island werden zum Beispiel fast alle Gebäude mit Erdwärme geheizt und in einigen Ländern wie unter anderem Neuseeland stehen sehr starke Erdwärme-Kraftwerke, die klimafreundlichen Strom erzeugen. Solche Kraftwerke könnten noch an vielen anderen Orten gebaut werden.

8. Wie können wir jeden Tag das Klima retten?

Warum wir etwas tun können und wie das funktioniert, wie du am besten zur Schule kommst, und worauf du beim Essen achten kannst

Kann ich allein denn überhaupt etwas tun?

Gegen die fortschreitende Klimaerwärmung kann jeder Einzelne etwas unternehmen. Jeden Tag. Du musst nur dein Verhalten in paar Punkten umstellen. So kannst du eine ganze Menge bewirken. Das ist doch eine erfreuliche Tatsache, oder? Natürlich wird insgesamt mehr CO_2 eingespart, wenn z. B. ein großes Unternehmen neue, klimafreundliche Technik einsetzt, als wenn du zu Hause alle Glühbirnen gegen Energiesparlampen austauscht. Aber darum geht es gar nicht. Es geht darum, dass die Bemühungen von allen zusammengenommen helfen, den Klimawandel zu begrenzen. Und da zählt jeder Beitrag.

CO_2-Fußabdruck

Hast du schon mal das Wort CO_2-Fußabdruck gehört? Es hat sich als sprechender Begriff für die Menge der Treibhausgas-Emissionen eingebürgert, die zum Beispiel ein einzelner Mensch, eine Familie, ein Land oder eine Firma verursacht. Wenn du einen Satz hörst wie: „Der CO_2-Fußabdruck der Firma Schmutzfink ist 2010 um drei Tonnen größer geworden", dann weißt du, dass das bedeutet: „Die Firma Schmutzfink hat im genannten Zeitraum 3000 Kilogramm mehr Treibhausgas in der Atmosphäre zu verantworten als vorher." Beim Klimaschutz sind also kleine Schuhgrößen besser als große!

Warum sollten wir vor dem Wegwerfen kurz nachdenken?

Wir sind von wirklich vielen Dingen umgeben! Schau dich mal in deiner Wohnung um. Da steht und liegt einiges rum, oder? Werfen wir mal gemeinsam einen genaueren Blick auf den Schreibtisch von Gina, neun Jahre:

All diese zweifelsfrei nützlichen, wichtigen Dinge braucht Gina in ihrem Alltag. Und die Dinge wiederum haben außer den Materialien, aus denen sie gefertigt sind, Energie gebraucht, um hergestellt zu werden. Denn irgendwann sind sie ja in einer Fabrik mit Hilfe von Maschinen produziert worden. Und Maschinen brauchen Strom.

Deshalb solltest du, wenn du etwas fürs Klima tun willst, eine Art Wegschmeißsperre bei dir einbauen. Natürlich nicht für Abfall. Der gehört auf den Müll. Es geht vielmehr darum, nicht unnötig Dinge neu zu kaufen. Um bei Ginas Schreibtisch zu bleiben:

- Schulhefte kannst du bis zum Ende benutzen, auch wenn mal ein paar Seiten nicht so schön aussehen. Blätter Papier solltest du auch auf der Rückseite beschreiben oder bemalen. Das spart Energie und schont den Wald, denn das meiste Papier wird immer noch aus Holz hergestellt. Sogenanntes Recyclingpapier, also Papier aus wiederaufbereiteten „alten" Materialien, sieht zwar nicht so strahlend weiß aus, ist aber für Umwelt und Klima besser.
- Schulbücher: Vielleicht denkst du: „Mist, keine schönen neuen Bücher, sondern benutzte", wenn dein neues Mathebuch gar nicht neu, sondern gebraucht aus der Schulbuchbibliothek ist. Aber es steht ja dasselbe drin und dafür musste ein Buch weniger hergestellt werden. Und wer schlau ist und die Grundidee „mehrfach benutzen ist gut fürs Klima" einmal kapiert hat, der geht achtsamer mit geliehenen Schulbüchern um. Auch wenn – das kennt ja jeder – immer mal ein Klecker-Unfall passieren kann.
- Die Pfandflasche ist besser als die Getränkedose. Pfandflaschen und -gläser sind immer besser als Wegwerfbehälter, weil sie nach dem Prinzip „mehrfach benutzen" funktionieren.
- Ein Filzstift ohne Kappe trocknet aus und muss durch einen neuen ersetzt werden. Auch wenn's eine Kleinigkeit ist: Unnötig, eigentlich, obwohl so etwas natürlich immer mal passieren kann. Aber ein bisschen Achtsamkeit in solchen Dingen kostet gar nicht viel Zeit.
- Klar sind Pappteller und anderes Einmalgeschirr praktisch, genauso wie im Schnellrestaurant mal eben die Schachtel mit dem Burger und den Becher mit dem Getränk mitzunehmen. Aber guck dir mal die Müllberge aus nur einmal benutztem Geschirr an, die in den Schnellrestaurants anfallen. Das wird alles mit relativ hohem Energieeinsatz hergestellt und nur einmal benutzt, bevor es als Müll wieder Energie braucht, um entsorgt zu werden.

Das waren nur ein paar Beispiele für den Grundsatz „Mehrfach benutzen ist gut fürs Klima". Schau dich mal bei dir um und überleg dir ein paar Dinge, mit denen du ab jetzt achtsamer umgehen willst. Du kannst ruhig auch deinen Eltern ein bisschen auf die Finger gucken! Vielleicht kennst du dich ja jetzt besser aus als sie.

Radfahren gegen den Klimawandel?

Grundsätzlich gilt: Wenn du zu Fuß gehst oder Fahrrad fährst, verbrauchst du „nur" die Energie, die in deinem Körper steckt. Schließlich musst du zwar regelmäßig mit Essen und Trinken „betankt" werden, nicht aber mit Benzin. Jeder Weg zu Fuß oder mit dem Fahrrad ist also eine klimafreundliche Strecke.

Es ist aber völlig klar, dass sich nicht alle Orte in Fuß- oder Fahrradnähe befinden. An manchen Tagen klappt es auch einfach nicht ohne Auto. Oder vielleicht wohnst du so weit weg von der Schule, dass du nur mit dem Auto kommen kannst. Das ist auch gar nicht schlimm. Du sollst ja kein schlechtes Gewissen haben, wenn du Auto fährst, sondern nur darüber nachdenken, ob das Auto die beste und einzige Möglichkeit ist, irgendwo hinzukommen.

Vielleicht doch lieber mit dem Bus fahren?

Oft sind regelmäßige Wege wie der zur Schule oder zum Sport sehr gut mit öffentlichen Verkehrsmitteln zu bewältigen. Die Benutzung von Straßen- und U-Bahn, Bus, S-Bahn und anderen Zügen anstelle des Autos ist eine gute Möglichkeit, regelmäßig im Alltagsleben etwas Gutes fürs Klima zu tun.

Fliegen belastet das Klima

Da Urlaubsplanung Erwachsenensache ist, hier nur kurz zum Thema Flugreisen: Flüge belasten von allen Fortbewegungsarten das Klima am meisten. Viele Ziele sind natürlich gar nicht (ohne endlose Fahrten) ohne Flugzeug zu erreichen, weil sie zu weit weg sind. Wichtig ist vielmehr, dass die Erwachsenen bei kurzen Flügen überlegen, ob die nötig sind, oder die Reise auch mit der Bahn angetreten werden könnte. Denn bei den kurzen Flügen (wie zum Beispiel innerhalb eines Landes zwischen zwei Städten) wird so viel Treibhausgas direkt in die Atmosphäre geschickt, dass eine starke Belastung des Klimas entsteht.

**Malte fragt nach ...
bei den „Jugend forscht"-Forschern
Lucas Jacob und Dennis Prinz
(beide 19)**

⊙ Lieber Lucas, lieber Dennis, in eurem Alter interessieren sich viele Jungs für ihren Führerschein, Partys und die erste große Liebe. Ihr aber habt euch intensiv damit beschäftigt, wie man Biogas und Wasserstoff gewinnt – aus Zuckerrüben! Was reizt euch so daran, wieso forscht ihr gerne?

Das Entdecken neuer Verfahren und das aufregende Auswerten eigener Versuche sind spannend. Wird das dann auch noch durch Erfolg gekrönt, ist man von der Welt der Forschung gefangen. Allerdings ist es wichtig, dass man Freunde und Hobbys nicht vernachlässigt und auch Zeit für sich findet.

⊙ Ihr seid für mich wie Zauberer und könnt Zuckerrübenreste umwandeln in Wasserstoff und dann in Biogas? Verratet ihr mir den Trick?

Wir sind keine Zauberer, sondern lassen uns von kleinen Mikroorganismen dabei helfen, Wasserstoff, den die Zuckerrübenreste enthalten, freizusetzen und den dabei entstehenden „Abfall" zu Biogas zu vergären.

⊙ Wozu können wir denn Wasserstoff und Biogas gebrauchen?

Das Biogas können wir zur umweltfreundlichen Gewinnung von Strom verwenden und den Wasserstoff direkt als sauberen Treibstoff für unsere Autos.

⊃ Euer Verfahren ist sogar besser als das einer Biogasanlage. Wie habt ihr das geschafft?

Durch logischen Aufbau und Strukturierung zahlreicher Versuchsansätze konnten wir unsere Biogasausbeute und Wasserstoffausbeute im Laufe unserer Forschungen stetig steigern und letztendlich eine höhere Energiebilanz als bei einer Biogasanlage erzielen.

⊃ Wenn es so weiter geht, könntet ihr ja sogar berühmt werden und den Nobelpreis gewinnen, oder …?

Unsere Arbeit ist nur ein kleiner Beitrag zur Naturwissenschaft, und soll nicht unserem Ruhm dienen, sondern ein Schritt in eine umweltfreundliche Zukunft sein. Vom Nobelpreis zu sprechen, wäre sehr vermessen, da es weitaus bedeutendere Forschungsarbeiten gibt.

⊃ Seid ihr ein bisschen stolz, einen wertvollen Beitrag zur Energiegewinnung zu leisten?

Natürlich erfüllt es uns mit Stolz, wenn wir solch ein unerwartetes Interesse an unserem Projekt erkennen können, und wir würden uns sehr freuen, falls unser Verfahren zur umweltfreundlichen Energiegewinnung beitragen kann.

⊃ Woran tüftelt ihr gerade, was ist das nächste Ziel?

Unser nächstes Ziel ist unser Abitur erfolgreich zu meistern. Anschließend werden wir unsere Zeit natürlich wieder der Forschung widmen.

Erdbeeren das ganze Jahr?

Essen, das um die ganze Welt reist, bevor es auf deinem Teller landet, schmeckt vielleicht dir, dem Klima aber nicht. Darauf zu achten, woher dein Essen kommt, ist besonders einfach bei Obst und Gemüse, weil auf dem Schildern mit dem Preis auch der Herkunftsland stehen muss. Da bist du gefragt! Oft sind auf den Schildern zwar merkwürdige Abkürzungen gedruckt, aber die lernst du bald zu knacken. Dtsch steht zum Beispiel manchmal für Deutschland, Hol für die Niederlande, Span für Spanien, Bras für Brasilien und so weiter.

Wenn Obst und Gemüse aus Brasilien, Neuseeland oder anderen weit entfernten Ländern kommt, wird es oft eingeflogen, um schön frisch und knackig bei uns in den Supermärkten und den Obstgeschäften anzukommen. Wer will auch traurige, verrunzelte Früchte kaufen? Oftmals handelt es sich aber um Früchte, die auch bei uns wachsen und gar nicht mit dem Flugzeug zu uns gebracht werden müssten. Nur vielleicht zu einer anderen Jahreszeit. Erdbeeren wachsen bei uns zum Beispiel nicht immer, sondern im Frühling und Sommer. In den Läden werden sie aber mittlerweile fast ganzjährig angeboten – eingeflogen aus fernen Ländern natürlich. Wer schlau ist, kauft also Erdbeeren nur, wenn sie aus Deutschland oder den Nachbarländern kommen.

Viele Früchte wachsen allerdings gar nicht in Deutschland, weil sie ein anderes Klima brauchen. Ananas, Mango, Kiwi und Bananen zum Beispiel. Darauf musst du natürlich nicht verzichten. Es reicht, wenn du auf eingeflogenes Obst verzichtest, das auch in Deutschland und Umgebung wächst.

> **Wo liegt das bloß?**
> Wenn du nicht weißt, wo manche Länder liegen, die angegeben sind, frag einfach nach oder guck in einem Atlas oder noch besser auf einem Globus nach. Da fällt dir nämlich sofort auf, wie viel Ozeanwasser zwischen Deutschland und zum Beispiel Brasilien liegt.

Müssen wir im Winter frieren?

Sobald es draußen kälter wird, drehen wir in den Gebäuden die Heizung auf, damit wir nicht frieren. Das ist auch gut so! Auch der strengste Klimaschützer würde nicht wollen, dass die Leute im Winter bibbernd im Wohnzimmer sitzen. Die Temperatur muss aber nicht so hoch sein, dass ihr drinnen im T-Shirt dasitzt, während draußen Schnee liegt. Dann lieber die Heizung etwas runterstellen und ein Sweatshirt anziehen. Schon regelmäßig ein Grad weniger Temperatur im Raum, senkt den Energieverbrauch und die Heizkosten enorm.

Wie spare ich warmes Wasser?

Nicht nur Raumwärme schluckt eine Menge Energie, auch das Erwärmen von Wasser. Wenn du kleine Gewohnheiten änderst, kannst du schon einiges bewirken. Zum Beispiel kann man beim Händewaschen meist gut auf warmes Wasser verzichten. Gewöhn dir einfach ab, automatisch den Warmwasserhahn aufzudrehen bzw. den Schwenkarm auf warm zu stellen. So ein kleiner Umgewöhnungs-Schritt für dich kann zu einem großen Schritt fürs Klima werden, wenn viele Kinder und Erwachsene ihn gehen.

> Beim Duschen – wenn du nicht gerade Aufwärm-Dauer-Duschen veranstaltest – verbrauchst du weniger warmes Wasser als beim Baden in einer vollen Badewanne.

Lieber Vegetarier werden?

Nutztierhaltung ist für ein Fünftel des Treibhausgasausstoßes weltweit verantwortlich. Das heißt: Darunter, dass so viele Menschen auf der Welt so viel Fleisch essen, leidet das Klima. Deshalb musst du ja nicht gleich zum Vegetarier werden. Einmal in der Woche auf Wurst und Fleisch zu verzichten, ist schon super. Vielleicht kannst du deine Familie zum Beispiel zu einem vegetarischen Dienstag überreden.

Warum keine Glühlampen mehr?

Viel Strom kann insgesamt eingespart werden, indem in jedem Haushalt Glühbirnen gegen Energiesparlampen eingetauscht werden. Alte Glühbirnen sind echte Energiefresser. Sie schlucken Strom und spucken dafür viel Wärme und nur verhältnismäßig wenig Licht aus. Aber ihre Wärme brauchen wir ja nicht, sie ist sinnlos verpulverte Energie. Energiesparlampen nutzen die Energie effektiv für Licht, nicht für Wärme und sind daher die klimafreundlichere Lichtquelle.

Kaltes Energiesparlicht nach ewigem Warten?

Wenn deine Eltern mit Energiesparlampen schlechte Erfahrungen gemacht haben, weil die Lampe nach dem Anknipsen nicht sofort leuchtet und dann in ungemütlich kaltem Licht, kann es sein, dass sie eine Lampe geringer Qualität aus Asien erwischt haben. Asiaten empfinden kälteres, weißeres Licht als angenehmer, Deutsche bevorzugen meist etwas gelbliches Licht. Auch solche gelblich scheinende Lampen gibt es in der energiesparenden Form, und die besseren Lampen gehen auch ohne Wartezeit an.

Wie finde ich andere Energiefresser?

Einige unverzichtbare Haushaltsgeräte wie Kühlschränke zum Beispiel brauchen einfach immer Strom. Da ist nichts zu machen (außer einen supermodernen kaufen, der weniger Energie braucht). Ein Staubsauger braucht nur dann Strom, wenn er benutzt wird.

Es gibt aber auch Geräte im Haushalt, die immer angeschaltet sind, obwohl wir sie gerade gar nicht brauchen. Im Falle einer Elektrouhr ist das bestimmt sinnvoll. Die muss ja immer weiter ticken, um die richtige Uhrzeit zu zeigen, auch wenn du gerade nicht draufguckst. In vielen anderen Fällen laufen die Geräte aber weiter, nur damit wir sie jederzeit bequem einschalten können. Der Fernseher ist dafür ein gutes Beispiel. Wenn du ihn mit der Fernbedienung einfach anschalten kannst, ist der Fernseher nicht wirklich aus, sondern verbraucht noch Strom, obwohl sein Bildschirm nicht leuchtet. Standby ist das englische Wort dafür: Auf Deutsch heißt das in Bereitschaft. Wenn du ihn ganz abschalten willst, musst du ihn am Gerät ausschalten oder durch eine Steckdose mit An- und Ausschalter. Bei vielen Geräten merken wir gar nicht, dass sie Strom brauchen. Schau dich mal in der Wohnung um. Vielleicht findest du Möglichkeiten zum Strom sparen.

Warm bedeutet Strom fließt

Manche kleine Geräte haben dünne Aufladekabel mit einem kleinen Kasten direkt am Stecker. Gameboys, Nachtlichter und Handys zum Beispiel. Lass das Kabel nach dem Laden nicht in der Steckdose stecken. Es verbraucht weiterhin Strom, sogar wenn das Gerät nicht dranhängt. Du merkst das daran, dass der „Kasten" am Stecker warm ist.

Setz die Klimaschutzbrille auf

Mit deinem Wissen über den Klimawandel bist du jetzt reif für den Blick durch die Klimaschutzbrille. Aufsetzen und los geht's! Schau dich in deinem Leben um. Wofür verbrauchst du Energie? Wofür deine Familie? Wenn man einmal die Klimaschutzbrille aufgesetzt hat, fallen einem viele kleine Dinge auf, die man ändern könnte. Und das ist doch prima. DU kannst etwas für die Erde tun.

Die Autoren:
Malte Arkona hat schon als Kind Theater und Klavier gespielt. Nach einem klassischen Gesangsstudium sang er in München Mozarts Papageno. Seine Stimme ist in zahlreichen Hörbüchern und Kinoproduktionen zu hören. Zudem wurde Arkona zu einer festen Größe im deutschen Kinderfernsehen (ARD Tigerenten Club, KiKa, Die beste Klasse Deutschlands), Drehreisen führten ihn in über 20 Länder. Auch der Sprung ins Abendprogramm ist geglückt, Malte Arkona moderiert im SWR Fernsehen verschiedene Unterhaltungsformate. Sozialpolitisches Engagement für Vereine in Berlin, Stuttgart und München runden Arkonas Tätigkeiten ab.

Ute Löwenberg ist Lektorin, Autorin und Übersetzerin von Kinderbüchern. Mit ihren zwei Kindern teilt sie den Spaß an Sachbüchern. Deshalb sind ihr Fragen, die sie ihren Kindern nicht gleich beantworten kann, gar nicht unangenehm, sondern der erfreuliche Anlass, gemeinsam in Büchern zu schmökern oder im Internet zu forschen.

Bildnachweise:
Foto Sven Plöger: © Meteomedia
Foto Martin Burberg: © Peter Hollenbach
Foto Mojib Latif: © Jan Steffen, IFM-Geomar

© KERLE
in der Verlag Herder GmbH, Freiburg im Breisgau 2010
Alle Rechte vorbehalten
www.kerle.de

Gesamtgestaltung: Weiß-Freiburg GmbH – Graphik & Buchgestaltung
Herstellung: fgb · freiburger graphische betriebe
www.fgb.de
Printed in Germany

ISBN 978-3-451-70580-9